7 關於人生的項財務思考

7堂一定要懂的理財投資×人生規劃必修課

〔全新修訂版〕

台科大財金所教授
前中華電信財務長 謝劍平／著

序

分享，讓我想寫這本書

玩過「大富翁」遊戲嗎？很多人只把它當成是個純靠運氣、殺時間的遊戲，沒有當一回事的玩。當然，運氣在此遊戲中是重要的因素，但我觀察常贏的人往往是固定那一兩位，這總不會都是運氣使然吧！

其實對玩家高手來說，觀念、策略才是成為常勝軍的原因。玩這個遊戲面對「命運」和「機會」時，是直接放給命運、機會去決定，還是能夠抓住機會，扭轉命運，進行正確的買賣交易，往往決定了勝負。抱持正確心態和策略，掌握時機點，常能反敗為勝，從破產邊緣變成大富翁！

我的體會和觀察，每個人的一生幾乎都有創造財富的機會（次數多少而已），當機會來臨時，能不能掌握時機，順勢而起，決定了未來人生富裕程度。

由於現在的環境的確是M型社會，中產階級逐漸消失，轉變為富裕與貧窮兩個極端，加上經濟環境不佳，社會把年輕人的工作價格定到如此低時，我看到年輕人的徬徨和對未來很強的不確定性，以致有些人甚至放棄了為未來做準備的企圖心，實在很不捨！

「不景氣的時代，還是有人賺錢；景氣的時代，仍然有人賠錢」這句話大家耳熟能詳。為甚麼有人在不景氣的時代能賺到錢？因為有正確的理財邏輯、判斷力和執行力，也就是有正確的理財觀念，並會依此觀念去實踐。

景氣永遠是循環的！不管任何一個年紀或階層的人，都嚮往財務自由的生活。只要活得夠久，每個人的一生都有機會遇到景氣大好的時候，但當站在機會的十字路口時，我們是茫然不知何去何從或胡亂跟隨，以致錯過累積財富的時機？還是憑藉著正確理財觀念和策略，邁向富裕人生？

來說個唐三藏白馬的故事。這馬堪稱唐朝知名度最高的一匹馬，但牠原本也不過就是驢馬市集中普通的一匹馬，結果在唐三藏來挑選陪同前往西域取經坐騎時，其他驢馬一想到路途之遙遠、過程之艱辛危險，搞不好連命都沒了，都不願離開，只有白馬站了出來，就這樣隨著三藏西行。歷經無數困難和驚險，終於取經回來，三藏成就非凡，白馬自然也風光無比成了名馬。牠過去的驢馬夥伴們羨慕萬分，頻問白馬：「怎麼辦到的？」白馬說：「這一路來，你們在磨坊裡走的路跟我走的路是一樣多的，只是你們天天繞著磨走圈圈，而我設定目標，一步一腳印堅持下去罷了！」唐三藏白馬教我們的事，就是目標不一樣，成就也將不一樣。沒有目標，庸碌一生！

由於我自己在學校教書，也在業界歷練過，發現年輕人能在就學期間或是社會新鮮人的頭幾年就確定志趣目標的不多，而這幾年往往就是規劃人生、理財策略並執行的黃金時期。損失了這一段時間雖不致永遠慢人一步或窮一輩子，但等到多花時間摸索出心得才實行，兩者要達到同樣的目標值，後者必須耗費更多資本或努力追趕卻是不爭的事實。

當然，很多人一輩子也都沒規劃，日子仍然過得很不錯，這就像玩「大富翁」遊戲把自己交給「命運」一般，運氣若很好，可喜可賀。但不論是從統計數據或實際觀察中發現，大部分的有錢人比其他人都早開始設立目標在執行，也比一般人早掌握賺錢的遊戲規則。這點讓我體悟到理財致富雖沒公式，但當有目標可循，又能有紀律的去執行時，勝率真的提高非常多！

我個人認為在現今社會「財務規劃就是人生規劃」，在做財務規劃時把人生未來想要的經濟寬裕程度設想進來，目標會更具體。因為自己的背景，財金訓練加上親身經歷，我樂於跟年輕人分享自己的理財觀念，希望給這一代焦慮指數甚高的年輕人在規劃人生藍圖時做一些參考。

市面上教投資和理財的書籍很多，本書雖然有提到投資方法，但不著重技術細節，梳理出來的幾個原則主要是提供觀念、策略和態度，是許多財務健全人士的思考方式，我自己也在執行且行得通的。其中第四原則我花了比較多的篇幅敘述，是因為股票投資還是目前台灣社會一般大眾最容易接觸和入門的投資及累積財富方式。

既然想過富裕人生，我想大部分的人都不願意每天盯著數字只進不出，做個守財奴過一生。金錢只是個完成夢想的工具，有了錢當然要體驗富有的滋味，只是富有不等於快樂，有時還可能是煩惱的開始，所以如何享受富有，也是我在本書最後想跟大家分享的。

目錄

目錄

第5堂課 當自己的老闆——創業 157

目錄

第 1 堂課

理財，從現在開始

為了參加好友孩子的婚禮，我特地到一家美髮連鎖店整理髮型，順便養護頭皮。平日我沒這麼講究，基本上都在居家附近的理髮廳剪髮，清爽就好；但有重視的宴席，我會抱著支持這家專業美髮店老闆小遠的心情去消費，因為這位年輕老闆不怕吃苦、從沒間斷投資自己的創業過程，真的值得學習和疼惜！

小遠讀士官學校，畢業後在中科院服務，服役若滿二十年，退役可領終身俸，這對喜歡安穩職務的人是一份不錯的工作，但因他很早就決定要走創業路，所以服役期間省吃儉用，存了第一桶金，在24歲時選擇離開舒適圈，自行出來打拼。

小遠剛出社會還不確定未來創業的方向，因為喜歡料理食物，所以打算做廚師，去餐廳廚房學習，從基層工作做起，學日本料理也學中餐，增加以後選擇面向的廣度。他覺得原本的第一桶金要創業仍不足夠，晚上替餐廳洗碗到半夜，以增加創業本；白天還找時間去進修管理課程，為將來開店做準備。

結果一個機緣下，他接觸了美髮行業，發現自己頗有天分，轉攻美髮業，從美髮助理升為設計師只花了一年多的時間，一般需要三年。因為他覺得自己在這個行業起步晚，要比別人更努力，雖然助理薪水不多，他秉持著「人可以窮一下子，不要窮一輩子」的想法都拿來進修。

美髮業競爭很激烈，小遠成為設計師仍花一半薪水跟日本師傅學習更高階髮型設計，致力專業技術提升。後來創業從租一間小店面開始到變成連鎖店，觀察到現代人因為環境、壓力、染髮等外在因素導致頭皮不健康的落髮狀態激增，看好隨著國人所得增加，頭皮養護這項新領域需求愈高，又跟香港師傅學習業界比較少見的天然草藥頭皮保養，做出了市場區隔，找到很強立基點。而他進修的管理課程，讓他在拓展連鎖店時可以更精準預估可能的挑戰和風險，及做有效率的管理。

我去找小遠服務時，很喜歡跟他聊聊他在不同階段經營事業的體會，發現他雖然已是連鎖店老闆，客人指名率又高，每天非常忙碌，仍抽時間看書、看秀、上業界有名講師的課，投資自己沒有停過！現在大陸南方城市找他授課、談開店連鎖。

每年畢業季，當高高飛起的方帽子落下時，總有一兩位學生揪緊拍攝畢業班紀念照的片刻問我：「老師，我們馬上要畢業了，很感謝老師一路來的悉心教導，我們收穫滿滿。人生的道路上，請老師再給我們一個最重要的提醒！」看著這些年輕學子踏入社會前開心、期待，又有一點惶恐的面孔，從我的專業及他們學以致用的角度出發，我總是建議：「永遠要準備好你『財務』及『專業』上的那桶金！」

從小遠的例子可以看出：早一點為自己的人生和職涯做規劃、早一點為自己累積財富做準備、早一點為自己的專業打下堅實基礎，就會早一點有機會成為人生勝利組！而且絕不停下學習腳步，樂於培養第二專長，遇到人生轉折點也要願意不受限制挑戰變局，只要有實力，格局會更上層樓。若能帶著這樣的決心和執行力，就放心展翅去飛吧！未來將是海闊天空。

1 不要再找藉口了，理財其實很簡單

理財真的很簡單！很多人在小時候領到第一份零用錢時，在沒人教的狀況下就自然而然地理過財了！

理財就是對自己的財務運作做個規劃。廣義的說，當我們擁有第一份屬於自己的錢，不管是零用錢或薪水，決定怎麼用它時，就接觸理財領域。可以說是我們每天、甚至不自覺中在做的事情。

覺得理財不容易的人，常常是認為根本沒錢可理，或因為沒有方向，不知如何分配規劃自己的錢，甚至覺得規劃很麻煩，不想花時間傷腦筋，這本書就是要提供簡單易懂的原則讓大家很容易做到、做正確。

在這個全球金融情勢動盪、景氣不振、經濟成長遠低於以往的M型社會中，一聽到理財，很多人的第一個反應是「說給有錢人聽的吧？」甚至焦慮指數又飆得更高，因為想到別人有財可理，對照自己的低薪資，更增添對未來的無力感，沒有信心到直接放棄理財這件事。

尤其是初出校門的年輕人，能力還沒獲得社會肯定，薪水少物價高，沒有儲蓄觀念或認為戶頭剩下的那麼一點錢幫不了甚麼忙，看不到希望乾脆豁出去了，花錢買享受，至少還有一點小確幸的感覺。

當薪資低到對前途感到茫然時，可以怨天尤人，怪社會怪景氣，也可以好好思索未來該怎麼走，理財越早越好，現在開始永遠強過從不開始。在對的時代固然要做對的事情，在錯的時代更要做對的事情。每一個時代都有那個時代的困境與優勢，不要老是認為上一代機會比較好。現在社會新鮮人常會認為爸媽就業時剛好遇上台灣經濟起飛期，所以容易有成就，其實以前職業種類有限，沒有現在的多樣性，投資管道缺乏，房貸利率高達十幾趴，能累積財富都是靠胝手胼足打拼出來的。

我父母輩時代更辛苦，物資匱乏，就業選擇不多，還需養一群孩子，食指繁浩，沒學歷的往往只能靠勞力或擺攤子養家活口。我認識一位現年75歲的台大經濟系畢業長輩，在當時是很高的學歷，但找工作一樣不易，因為那個時候金融機構很少，只有幾家官股銀行、企業產業不發達，除了考公務員外，只能選擇出國留學深造，深造回來找到教職，工作才有著落。

我們無法選擇時代，就如同不能選擇父母般。現在這個時代也沒這麼差，資訊豐富、多出好多過去沒有的職業種類，社會觀念不再執著「唯有讀書高」，服務業也能做得嚇嚇叫，創業只要有好點子，全世界都可能成為市場。

人生一定會有精彩的地方，要精彩就要規劃要打造自己，厚植實力累積資本，讓自己在人生每個十字路口都有本錢向前行，不怕走錯方向。

藉口① 錢太少 我只賺22K，錢都不夠花了，怎麼談理財

「22K不是永遠22K啊！」人生路很長，起薪低就無鬥志被壓住打趴，那往後有更多挑戰怎麼辦？要抱持積極正面心態，非常多人都是從一無所有慢慢累積出財富。我有

一位子姪輩，沒有漂亮學歷，但認真踏實，學校畢業在一家連鎖速食店工作，一開始也是賺22K，之後自行進修提升英文能力，抓到機會轉到一家外商大賣場擔任店長，薪水當然增加了，上進就會改變！

不是有錢才要理財，沒錢更要理財！一般人所謂沒錢，是指沒有餘錢或積蓄。首先要檢視自己和家庭的金錢流向，抓出哪些是生活上「必要」的開銷（房租、水電、瓦斯、保險費……），哪些是可有可無的「想要」開支（唱KTV、每天要喝杯星巴克拿鐵、買名牌包……），進一步開源節流堵漏洞。**個人理財是把自己的收入做合理的分配，只要收入大於支出，就一定有餘錢，規劃餘錢怎麼用就是理財了。**

當然如果發現扣掉生活所需，自己或家庭收入怎麼節省開支都無法儲蓄，甚至入不敷出，那這時候要做的是趕緊想辦法提高自己的收入，或轉業、兼差，或更打拼讓老闆肯定加薪。不然真的「生吃都嘸，哪有倘曬乾！」（吃都不夠，哪有辦法拿來曬干儲存）

剛畢業年輕人的理財不是馬上做財務投資，我認為職場前五年這個階段要先儲蓄及投資自己。投資自己包括精進工作職能、強化外語能力、擴大視野（閱讀、精巧但不一定貴的優質旅行）、培養運動習慣（可以產生好的紀律、積極的個性、健康的身體），還有認識投資工具、環境和市場。如果有好好投資自己，不會永遠22K！永遠22K，誰也幫不上忙！

開始存錢並及早投資，是最值得養成的好習慣。
——華倫·巴菲特 Warren Buffett（美國投資家、被譽為股神）

藉口② 沒時間 好忙啊！沒時間理財

當有人告訴我他忙到沒有時間理財，我會驚訝瞪大眼睛反問他：「你是王永慶或郭台銘嗎？你都在忙些甚麼？」忙讀書、忙戀愛、忙工作？還是窮忙？如果是因為目前忙著賺錢，又錢多到沒時間理，那應該聘雇專業人員來為你處理，那是另外一個層次，不是本書要討論的範疇。

至於一般的忙，生活中食衣住行樣樣與錢有關，不管忙甚麼跟理財完全沒有衝突。其實很公平的每個人一天都只有二十四小時，寶貴的時間本來就要用在對人生影響最大的事情上，怎麼利用是依據我們認定事情的重要度來排序，如果不把理財排在重要位階上，每天光拉拉雜雜的事情就一大堆，當然找不出時間理財，是你不夠愛財！

一般人又不是以投資為生，只要花點生活中的零碎時間，去關心一下財經動態、金融知識，投資工具，就會逐漸對投資有概念，進而走出自己的理財路。如果連這樣都不願意，那別怪財也不愛你！

不善於利用時間的人，總是首先抱怨沒有時間。

——拉布呂耶爾 La Bruyere, Jean de（法國的哲學家和道德家）

藉口③ 不了解 不會看股票、不會找基金，怎麼樣理財

不了解就要想辦法去了解，這個沒有人能幫助你，就像不會游泳又想游，就要去學！

沒有人天生就會，都是透過學習去認識和熟悉。投資理財會學到很多專業知識，像現在的物聯網、機器人、自動化、生物科技等時興的未來產業，夠先進了吧！我去公園散步時，遇到一些下棋的長輩告訴我，以前都覺得這些先進科技與他們退休族無關，結果是因為想投資理財，促使他們開始關心、了解這些產業，現在孫子講甚麼，也插得上

話。所以投資能讓人多方成長，台灣投資者的素質在全世界算很高，因為台灣個人投資人很多，像菜籃族講起電動車、QE來也都頭頭是道。

不管你能做什麼，或者夢想你能做什麼，開始去做吧！膽識將賦予你天賦，能力和神奇的力量，現在就開始去做。

——約翰・沃爾夫岡・馮・歌德 Johann Wolfgang von Goethe（德國大文豪）

藉口④ 怕賠錢 都存不多了，賠錢怎麼辦

年輕人要有點膽子！沒有膽識是成不了事的。

投資理財當然有風險！所以不可盲目投資。投資傾家盪產案例真不少，可是也有很

多投資理財穩建成功的例子，視投資理財為畏途不聰明。很多資料告訴我們，這一百年來，錢投資在道瓊證券市場跟放在銀行，收益相差三萬多倍！

舉我一個學生為例，學生時代從五萬元存款就開始接觸股票投資。他跟我說：「老師，我曾經破產過三次！」原來他賠掉了手中的五萬元就算破產，但他立刻去便利商店打工，存了五萬元後又再次投入股市。這樣幾次來回有賺有賠，最主要是為了體驗一個把自己的錢投入市場後才能抓住的感覺（可以稱之為股市脈動）。這種脈動，不進場試看看，跟著股市呼吸、跟著指數心跳，是不會了解的。

他現在學校畢業才兩年，已經從股市中獲利一百五十萬元，今年要帶媽媽到歐洲去旅行。他屬積極性投資，不是每個人都適用，而且他投入股市的時間還短，股市投資成敗不是看短期，現在的勝利不表示未來的贏率，我並不鼓勵學生時期就積極投資股市，但對他在自己能力可以承擔情況下，願意歷練投資的這種膽識及執行力是值得肯定的。

理財要看個人的屬性，本身是保守型，可選較保守理財工具，但我個人看法是即使保守，也要有往前跳20％的勇氣，因為擁有六成把握就該當機立斷，投資不可能全無風險，「軍人經過沙場磨練才能成為將領」，才能累積經驗及形成觀念。

我投資也不是每次都賺錢，但謹守自己體會出來的原則，積小勝為中勝再到大一點的勝利是我理財的訣竅。審慎投資，有正確觀念、好的技術及健全強壯的心理狀態，風險會大大降低，過程中也許跌跌撞撞，但筋骨還是健康能再戰。

複利的可怕，七二法則

有美國原子彈之父之稱、著名的理論物理學家阿爾伯特．愛因斯坦（Albert Einstein）說：「複利的威力大過原子彈」，複利就是把從本金獲得的利息加入原本的本金中，以利滾利的方式繼續獲取報酬，是一個連續性的概念。

做投資的人普遍聽過七二法則，這法則在告訴我們「複利效應下，本金多久能增長一倍？」也就是一百萬元想倍翻成為二百萬元，要花多少時間？這時以72除以投資報酬率，就等於本金可以變大一倍的時間。

舉例：

有一筆投資每年可賺12%報酬率，72／12＝6，六年本金多一倍。

善用複利，即使只是儲蓄，都能讓我們更容易存到第一桶金。複利效果並無法「立即」帶來財富，但複利＋時間＋投資報酬率（見圖1）非同小可，「聚沙成塔，積少成多」財富就是這樣一點一滴累積起來，難怪愛因斯坦要甘拜下風。

或許會說找不到投資報酬率一直這麼好且固定的理財標的，又會說投資者很難不「獲利了結」，能堅持本利全部再投進去，所以複利只是個理想。當然！人生沒法保證「天色長藍、花香常漫」，談複利目的在呈現一個「勝的比率」和「長線」的概念。**理財絕對不能找到好的投資標的後就放著不管，還是要留意自己資產和外界環境的變化去做調整，不然仍是「你不理財，財不理你」。**

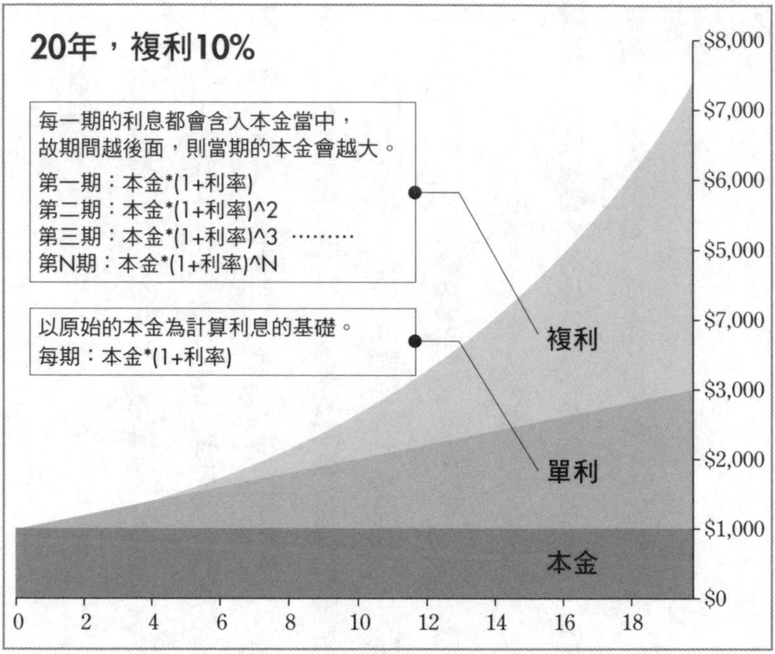
20年，複利10%
每一期的利息都會含入本金當中，
故期間越後面，則當期的本金會越大。
第一期：本金*(1+利率)
第二期：本金*(1+利率)^2
第三期：本金*(1+利率)^3 ………
第N期：本金*(1+利率)^N
以原始的本金為計算利息的基礎。
每期：本金*(1+利率)
複利
單利
本金
$8,000
$7,000
$6,000
$5,000
$7,000
$3,000
$2,000
$1,000
$0
0
2
4
6
8
10
12
14
16
18

圖1 其他因素不變下，持有現金、沒有做任何的投資和每年使用單利，固定利息額度的理財及使用複利方式進行投資，20年後的持有總金額差別。

2 先知道有錢人怎麼想

要成功要先養成成功的習慣，要變成有錢人當然要先知道有錢人怎麼想、怎麼做、怎麼活。每個人成功或富裕的機緣雖然不盡相同，但使人成功的生活態度卻是可以效法。

80％的百萬富翁是第一代

這是一個美國的統計數據，百萬富翁是指擁有淨資產「百萬美元以上」的有錢人。美國這類統計數據不少，而且歸納出有錢人的生活通常都很簡單和規律，跟我們印象中或電影中有錢人住豪宅、吃美食、穿名牌、開好車，每天開派對、一擲千金在狂歡不同。中國人也講「富不過三代」，財富大部分都是第一代赤手空拳打拼、累積下來的，像大家耳熟能詳的王永慶、郭台銘先生都是白手起家。

我工作上接觸過很多富二代，有很爭氣的富二代，因為父母很會賺錢，從小在可以學習投資的環境中耳濡目染長大，想創業、投資就有一筆錢在等他，往來也都是一些懂得投資或消息來源較多的朋友，甚至有人會主動送上機會，如果投資正確，勝面相對大很多，可以繼續做富翁。

但依我觀察，這樣的富二代比率差不多20％，不超過30％，跟美國的統計相仿。一般的富二代比較屬於防守型理財，以能夠維持父輩財產為主，怕煩、較少開創性。有心要突破第一代成就的，有時為了刻意避開長輩盛名陰影，躁進投資而失利的不在少數，更遑論因品格、走錯路等問題讓財富消耗浪費掉的情形。

古希臘哲學家柏拉圖（Plato）曾說：「國王的祖先都曾是奴隸，奴隸的祖先也曾是王室」，英雄不怕出身低，富翁以前可能是窮人，窮人當然也有機會變富人，靠著奮鬥與正確投資而致富者比比皆是，他們的精神和態度絕對值得學習和複製。

有錢人的好習慣① 節儉

第一代創業累積財富的有錢人，基本上都滿節儉，不亂花錢且思考慎密，每一分錢都希望用在刀口上。社會上有個現象，要賺到有錢人的錢並不簡單，反而是從中產階級或沒有錢的人身上賺錢較容易。有錢人善於「照看」他們的錢，會把不必要的花費降低，最好花出去的錢還可以帶來收益，所以常常越來越有錢。

世界級的首富不少有節儉的好習慣，股神巴菲特就是，曾說：「每個一分錢，都是下個十億美元的開始」。他的節儉是他金錢觀、價值觀的體現。

⊙巴菲特節儉法

★買一個大小適中且負擔得起的房子。

★小心謹慎的投資。

★拒絕昂貴的奢侈品。

★絕對不要當凱子。
★不看輕每一塊錢可能帶來的價值。

富比世富豪榜上對油價預測神準並買賣獲利的美國富豪「油神」布恩．皮肯斯（Boone Pickens），他日常生活也是省錢一族。

⊙皮肯斯節儉法

★每五年買一次西裝、每次只買三套。
★上超市買菜前必定列好清單，避免衝動購買。
★只帶剛好的錢到商店。

有人聽到有錢還要簡樸，心就涼了半截，覺得那這麼辛苦賺錢是為了甚麼？當然我們賺錢的目的是為了過品質更好的人生，所以在能力範圍內花錢或偶而花大筆的錢讓自己開心是必要的，但不良的花錢習慣，絕對會讓人掉入貧窮。有錢人的節儉，往往是他們在累積財富時就已培養的好習慣，有錢後仍繼續保持花錢節制、懂得用預算控管消費，享受而不浪費。

我有一位學生是專業投資人（所謂「專業投資人」是指能拿出個人資產三千萬元以上財力證明的投資人），主要投資台灣股票，也會投資公司。他為了熟悉想投資公司的產品捨得花錢，例如去投資一家幫國外代工做高爾夫球桿的公司前，他會買該公司一枝一萬多元的球桿打球，以了解產品的特質；投資股票時亦秉持這種謹慎。但他穿著很平實，不穿名牌，買的房子也不是豪宅，約四十幾坪，夠他與太太、小孩住就好，室內不靠裝潢，畫作、家飾、軟件也不刻意選高價物件，以美感搭配取勝，開普通國產車，感覺就跟一般人沒什麼不同。

另一位學生比我有錢，但每一餐吃飯花費不超過一百元，也是不穿名牌、不用名牌包，裝扮上唯一的嗜好是常換眼鏡。他主要投資台北市房地產，有一台賓士，計畫以後換車時再買一台更好的車子，並不貪多。

還有一位學生也是將大約70％至80％的資金拿來投資房地產，以屋養屋，現有三間房子的房貸都結清，其他投資則買基金，財務頗有實力。他會帶全家人出國，至新加坡、香港、加州等地旅遊，願花這筆錢，是當作促進親子關係及提升孩子視野的教育投資，但日常生活則很簡樸，不炫富，除了帶小孩出門，很少開車，一個人時多數搭捷運來去。

而我也一樣，有車但對捷運很熟，因為台北市停車難、大眾運輸很便利，要去的地方若不方便停車，就不會開車。吃的方面簡單清淡；為了工作需要，好的西裝會買幾套，平時穿著只要求舒適乾淨即可。偶爾看個電影，但大部分都選在家裡看中華電信的MOD。

> 節儉是天然的財富，奢侈是人為的貧困。
>
> ——希臘俗諺

有錢人的好習慣② 閱讀

根據調查，86%的有錢人喜歡閱讀，較不富有的人只有26%在做這件事。照說有錢人的時間寶貴，為什麼願意花時間在閱讀上面？

開卷有益，閱讀的好處說不完，可以增加知識深度及廣度，可以刺激腦部，提高對事物的理解力，觸類旁通啟發構想，從書中讀到的東西可能一瞬間就形成一個很棒的想法或點子。

賺錢本身就是一門學問，想賺到錢，不是光靠體力拼就行，具備多方面的知識，可比別人更敏銳發掘商機。知識就是力量，富人希望藉閱讀提升自我，閱讀的成本最低，卻是汲取他人經驗精華最有效率的作法，富人怎麼可能會忽略這種能站在「巨人的肩膀上」看得更高更遠的好事。與其說有錢人喜歡閱讀，不如說因為喜歡閱讀所以才容易變成有錢人！

學海無涯，知識的領域太廣，閱讀要聚焦在自己感興趣和能提升才能及專業的類別。有錢人傾向於閱讀自我成長、勵志類書籍，當然財經類書籍更不少。另外，有錢人對資訊十分留意，願意花錢去買即時資訊，且因其財富、社會地位關係，資訊取得管道也比較多元化。

但要提醒年輕人，現在這個網路時代的問題是資訊太多、思考太少。要知道「思維是王牌」，單靠資訊、知識堆砌，不會形成「觀點」，必須透過深入思考分析去型塑出來，所以思考分析這部分的比例不能少於閱讀。把知識內化轉成能力，才有真正競爭力，若沒有資訊識讀力，徒讓一堆雜亂無序的資訊干擾判斷，會無所適從。

閱讀就是借別人的頭腦替自己的頭腦思考。

——亞瑟．叔本華Arthur Schopenhauer（德國哲學家）

有錢人的好習慣③ 排定每日行動清單

從理財與職涯來說，生活紀律很重要，有錢人可以學習的理財榜樣之一是有紀律性。據我了解的股市投資高手有時生活得跟軍人一樣，一早起床就讀資訊，股市開盤專注其變化，收盤後參考今天的籌碼面、價量、法人進出資料，再看公司的訊息，幾乎每天行程都排滿。

根據調查，81％的有錢人會列每日行動清單，較不富有的人僅有17％做這件事。有錢人這份清單除了一般待辦事項，有些還包含當天一定要達成的目標，而其中約有67％的富人落實完成自己所條列項目的70％。

如果每天要處理的大小雜事很多，列清單更形重要，現在很多手機APP就是很好工具。列出的每日行動清單要依重要和急迫順序來排列，確實去執行會發現無論待處理事項困難與否，都能幫助更有效率完成。

從小我就喜歡做計畫，雖然我也常常未能達成目標，能有六成達標率就不錯了，但隨著年紀愈大，達成率愈高，因為養成更多好習慣。這對投資理財很重要，投資要面對震盪較大的金融市場，壓力並不小，有錢人投資部位大，要冒的財務風險更勝一般人，他們藉由紀律讓自己定錨，一點都不浪費時間，因為「時間就是金錢！」

> 沒有比漫無目的地徘徊更令人無法忍受的了。如果今天的你還沒有任何目標，那麼明天的清晨，你用什麼理由把自己叫醒呢？
>
> ——荷馬Homer（古希臘遊吟詩人）

Q 請教大師

我學校才畢業，現在的工作薪水不高，每個月薪資扣掉必要開支，剩下的錢大約三千元，應該要儲蓄起來累積第一桶金，還是拿來投資比較好？我知道現在購買定期定額基金，最低投資金額三千元就可以。

職場新鮮人不急於一畢業就要做投資，尤其每個月只有三千元可運用資金，若全部都集中投入在基金上，沒有儲蓄，那當要投資自己時就沒有銀彈了。

何況，基金的選擇並不容易，要判斷哪檔基金有「錢」景，需要相當的專業知識，且要在低價時購入、放長期，才會顯現好的投資報酬率。你知道如何選基金嗎？還是道聽塗說或被廣告吸引，以此為依據來決定標的？

初入社會普遍低薪，尤其不景氣的時候。我認為低薪族的財務投資在踏入職場五年後進行還來得及，這三千元先做個分配，部分儲蓄（即使剛進入社會，手邊最好仍有些預備金，以備不時之需），部分拿來投資自己，提升專業技能，當遇到表現機會時，不管是升遷、加薪或跳槽，發揮的效益常常超出數倍。

若這三千元都放在儲蓄，也是一種做法，五年（五年是一個約略數，還要看個人的能力和薪資水準）下來有將近二十萬元積蓄，能夠做為投資的第一桶金（若以理財來說，第一桶金二十～五十萬元就可以）。要不然沒有祖產庇護、父母資助，第一桶金從哪來？

利用這五年期間去吸收財經知識，了解投資市場和投資工具，機會都是給準備好的人，擁有一筆較大的投資金額又有投資正確觀念，一般說來比小筆零碎投資較能發揮效用，可以選擇和運用的投資工具也較多，投資報酬勝率自然拉高。

富裕人生指南

1. 現在開始理財還來得及，行動永遠贏過光說不練。
2. 有錢人不亂花錢，因為他比你更知道金錢的價值。
3. 養成閱讀的習慣，但要會反芻思考，將別人的經驗變成自己的東西。
4. 排定每日行動清單，時間就是金錢，別浪費每一天。

第 2 堂課

22K也能存第一桶金

1 要有脫貧的企圖心

「有錢不是萬能，但沒有錢萬萬不能」，這裡要講述的不是金錢至上、極致追求財富的觀念，但經濟生活會影響到各方面生活也是不爭的事實，很多人一輩子都在與自己的財務狀況搏鬥，那自然談不上人生自由。

我覺得現代社會至少要擁有兩樣東西才可以讓人自由，一個是知識加上技能，另一個就是健全的財務。有知識有技能才有轉換工作的本錢，「這裡不留爺，自有留爺處」，有跳槽選老闆的自由；健全的財務可以讓人有安全感、穩定感，擁有過日子不必瞻前顧後的自由。

現在很多年輕人還沒出社會就先被不景氣的資訊嚇怕了，未戰先降、自我設限，只想走一步算一步，一旦時勢來了，因自己準備不足（沒有第一桶金、不具正確投資觀念和膽識），當然只能徒呼負負。更慘的是從低薪族淪為窮忙族，翻身就更難了！

每個世代的年輕人都曾迷惘，每個世代也都有贏家輸家，想前往富裕人生，先把脫貧的企圖心和態度拿出來，一定要有自己的成長計畫！薪水22K當然也能存第一桶金，我看過不少起薪低於22K的年輕人，藉由正確的理財發展得很好，成功擺脫財務束縛。

機會是給準備好的人，真的想變有錢的人，會去努力存錢、關注理財資訊，做好準備。你開始準備了嗎？

財務規劃就是人生規劃

我認為「財務規劃就是人生規劃」，當我們在想幾歲要結婚？甚麼階段要購屋生子？一年要安排幾次旅遊？要出國還是在台灣本島玩？退休需要準備多少錢？這樣的規劃是人生規劃，還是財務規劃？兩者皆是，密不可分！

做規劃必須設定目標，有目標才會有動力。一般說來，「銀子、妻子、房子、孩子、車子」五子登科是大多數人認定人生成功的標準，當然每個人需求不同，不能一概而論，總之先想像一下將來想過甚麼樣的生活，然後按照目標的優先順序制定執行步驟，才不會因漫無目標、隨興過日，白白浪費累積財富的寶貴時間。

若有心，可以把自己當成一家公司來經營。依據人生短、中、長不同目標做財務規劃，就像公司編列預算般，是達成目標管理的有效工具。藉由費用控管觀念，一方面可以幫助自己克制慾望，避免開銷過頭；另一方面能有所依循的朝目標邁進，累積資產；或從運作中找到問題，提前做好具體應對準備，減少人生可能發生的風險。

如果你還沒開始為自己做財務規劃，最好現在就坐下來計畫一下！

> 個人理財只有20％靠知識，其他80％則繫於行為。
>
> ——蕾巧．克魯茲Rachel Cruze（美國理財演講專家）

2 先想存錢，再想花錢

沒有含著金湯匙出生的人想要為財務自由人生奠基，儲蓄太重要了！有錢人多非一夕致富，**理財是一場馬拉松，要贏得比賽，要能夠學會財務配置，毅力、耐心、配速很重要。人生每一階段財務規劃，隨著成長，優先或重要順序會改變，但第一步總是從儲蓄開始。**

我當初回國教書時，太太沒有工作，還有兩個稚齡小孩要養，為了省錢，頭幾年幾乎都沒買新衣，還好回來前有在美國平價賣場沃爾瑪（Wal-Mart）百貨買了兩套西裝，出席正式一點的活動就輪流穿這兩套，住的地方是跟親戚租的舊公寓，這樣硬是存出第一桶金。到第五年開始投資，從股票做起，第十年買自住房子，經濟漸入佳境。

有一句話：「小富由儉，大富由天」實在太有道理了！「儉」是量入為出，一點一滴累積出不虞匱乏成為小富；大富幾乎都經由投資，天時、地利、人和缺一不可，所以說由「天」。不管要成為小富中富大富，至少都要有一筆錢傍身或投資，才有後續的財務自由，所以財務規劃的第一步就是存錢（和存錢不悖離可並進的是投資自己）。

養成儲蓄的習慣其實就是品格訓練，因為儲蓄教導了自我節制，培養秩序感，訓練了深謀遠慮，也因此心胸開闊。

——富蘭克林．霍布斯Franklyn Hobbs（美國財經書暢銷作家）

掌握現金流

這裡講的現金流是指現金流入、流出。

大家都知道：

現金流入＞現金流出＝有錢

現金流入＜現金流出＝缺錢

很多人認為自己沒有錢，不一定是「沒有錢」，是現金流出大於現金流入，但這些現金流出的開銷都必要嗎？可以調整嗎？透過檢視用錢習慣，可以避免過度消費。

記帳是一個檢視現金流的好方法，會更清楚自己的財務狀況，建議要養成記帳習慣。至於採用什麼方式來記帳，需不需要鉅細靡遺，那就看個人需要，但如果是手頭緊的年輕人，建議每筆支出都不厭其煩地記下來，可以幫助自己更容易發現不必要的開銷。連已經在存錢的人，都能透過記帳來了解有沒有盡到最大力量存錢。

現在的記帳工具和方法很多元，記帳成習慣後並不會覺得有太大負擔。我的學生中有些買杯飲料都記下來，有時還會促使他們改喝白開水，省錢又健康。一位學生告訴我現在手機也可以記帳，只要下載記帳APP，走到哪記到哪，很方便，可以提醒自己不要花費過度，一旦發現這兩天花多了，之後幾天就控制一下。

先給自己薪水，再支出

先給自己薪水再支出是什麼意思？就是「現在自己」要成為「未來自己」的老闆，先支薪給「未來自己」。白話一點就是每個月拿到熱騰騰的收入時，先把儲蓄的錢扣下來，剩下的錢才是「現在自己」可支用的！

一般人習慣收入扣掉支出，多的才儲蓄，但這樣錢存得慢，因為扣掉必要開銷時，手上還有錢會忍不住買些想要但不必要的東西（即使是花錢節制的人，也很難完全避免情緒性消費），所以儲蓄這檔子事真不能「隨意」！

尤其現今社會五光十色，廣告洗腦，過甚麼節日、要怎麼慶祝，多是商人創造出來，誘惑空前多，考驗著人性！我看到低薪世代不少人認為與其日子過得這麼辛苦，存也存不多，何不讓自己的生活多些小確幸，把錢花在娛樂支出部分。不多的收入加不節制的開銷，當然注定缺錢。

沒辦法，人就是因為不理性，所以要規劃，並依計畫執行。所以無論你賺多賺少，請先擠出存款，現在起就改成「先存再花」。因為花錢有了上限，自然會量入為出，連看起來是必要開支的房屋租金、水電瓦斯費等等，都還有可以壓縮調整的空間（例如找朋友合租房子、節水省電……）。

而這份給未來的錢（儲蓄），不是為了賺定存百分之一或百分之零點幾的利息錢，是醞釀做為將來投資的資產，只有這樣才能有紀律且穩定的存出第一桶金。

根據我的定義，百萬富翁是指不依賴任何人，以自己的資本，就能滿足自我需求的人。

——安德烈．科斯托蘭尼Andre Kostolany（德國證券界教父）

不花錢也能享受

有年輕人聽到我在闡述這個理念時，會反問「那人生有甚麼樂趣？一點生活品質都沒有！」其實阮囊羞澀口袋緊緊，錢花下去，搞不好小確幸的幸福感還沒過去，罪惡感和無力感就來，往往又要用另一個小確幸來填補撫慰，成了花費上的惡性循環。

享受人生有很多方法，不一定都要花錢，如果發現花錢才能有感，那要調適的是心態。其實在這個時代，有很多不用花錢就可以享受的方式，喜歡閱讀的，圖書館館藏和一些從台灣揚名到國外的優質書店都敞開大門讓人免費看。

愛看電影的，一些二輪電影院設備也不差，票價只有一般戲院一半，還可連看多場；圖書館也提供免費電影欣賞；當然看得量大的，電信業者提供的電影訂購頻道也是很好選擇，一個月一兩百元就能看個夠，不用出門還可省車錢。

短途交通接駁或市內輕旅遊、假日健身運動不一定要買上萬元的小折（摺疊式腳踏車），台北市的公共自行車YouBike任你行，花費很便宜。只要動動腦，比起我年輕時娛樂項目貧乏來說，現代的年輕人在這方面實在是有福多了！

要節儉，不要吝嗇

記住先扣下來的「未來薪水」不是愈多就愈好，還是要有適當的比例安排，顧及基本生活開銷，合理配置才不會因太過省錢而不能持久及心理不平衡。

畢竟我們講的是要「節儉」不是要「吝嗇」，錢賺來是要花的，現在的節儉是為了成就以後的富裕人生，如果一味吝嗇，將來有錢了也不會成為「富足的人」，反而可能「窮得只剩下錢」。

節儉是「當花則花，不當花則不花」，吝嗇是「不論當不當花，都不花」，外在的行為看起來都是省錢，但心態完全不同。節儉的過程精打細算、量入為出，不任意亂花，但達成設立的目標時，會照著預定計畫來運用（改善生活、投資、奉獻……），看到的也不僅僅是自己的需要，還看得見別人的需要，不會影響善良價值觀及扭曲人情世故；而吝嗇唯一的目的就是看錢只進不出，最好甚麼都不花，對任何事情都斤斤計較，將每件事或每項物品都以金錢來衡量，過度小氣，甚至吝嗇到對自己或對別人都一樣。

所以，有時站在紓解壓力或建立人際關係、拓展視野體驗的角度，例如同事聚餐、朋友出遊、男女朋友交往等社交考量，是可以列出合理的娛樂開銷。只要預算適當，不奢侈、不動用防備性的緊急開支，年輕的生命一樣可以玩得很盡致！而且在踏入職場前五年就建立起這種好的消費習慣，可以終生受用，會讓生活過得有品質，但不一定奢華。

甚麼是享受人生？除了做這件事快不快樂、滿不滿足外，更重要的是快樂、滿足感延續久嗎？用點心思挖掘出「小錢大享受」樂趣，聰明花錢激發的成就感和創意會讓滿足持久；花大錢才能買到的快樂剛好相反，彰顯的多是虛榮面，不持久。**享受人生沒有嚴格定義，正面思考，懂得樂在生活，不用刻意消費追求享受就隨時都在享受。**

節儉本身就是一個大財源。

——辛尼加Seneca（羅馬哲學家）

增加存款額度VS提升生活品質

隨著工作年資增加，應會有機會調薪，有些工作性質還會有獎金、額外收入。當遇到收入調升時，錢要全部存起來，還是用來提升生活品質呢？這真是個好問題！

增加收入能忍住不增加生活品質的人應該有限吧！常常拿到一筆獎金先會想到的就是慶祝一下，如果只是吃一兩次高檔餐館犒賞自己，人之常情。但我常看到是調薪沒調幾千元，就開始買車或換車、常態性吃更好的餐館……把增加的收入都花掉了，存的錢跟原本沒加薪前一樣，或儲蓄比例跟不上薪資增加比例，那就錯失加速存第一桶金的機會。

當然，加了薪卻不能稍微過好一點的日子，給自己一些獎勵，那也太不符合人性！

不符合人性的事很難持久和開心做，我也年輕過，知道有些人會想「青春只有一回，年輕不要留白」，這也是事實，只要增加的收入和消費支出比例不失衡，當然可以。不超過賺錢能力的增加生活品質和樂趣，有時還會激勵自己，成為多賺錢的動力。

至於這個階段甚麼錢不要花？起碼大條的非必要性開支可以先省起來，例如名牌物品待真有身價時再用，免得與經濟能力不符被當山寨貨。買車稍等，汽車不是固定資產而是消耗品，如果是住在都會區常堵車，買汽車要養車、折舊，加上停車費用，是不划算的，多利用大眾交通工具，甚至坐計程車都比開車實惠。旅遊可以過一陣子再去，或者旅遊次數少一點，每年出國改成兩年出國一次，讓自己多存一點。手機不一定要最新最炫，電話少說一點。

我的建議是職涯開始的頭五年，薪資若有增加，儘量維持原來的簡單生活態度，必要的固定開銷不變，但儲蓄的「比例」不能減少，最好要適度往上調整，即使是調高1%，因為總體收入的增加，資產增加的速度會更有感。而且只要拿捏好儲蓄的調升比例，可消費的「金額數」也會相對增加到，有智慧的存錢、花錢，是在培養財務管理能力。

舉我知道的有些人在做的例子：

◆月薪二萬五千元時→二萬元是必須支出，扣掉後剩下五千元，若每個月儲蓄和消費以55：45的固定比例來安排，也就是每月存二七五〇元，消費二二五〇元。

◆月薪三萬元時→二萬元是必須支出，扣掉剩下一萬元，若每個月儲蓄和消費仍以55：45的固定比例來安排，是每月存五五〇〇元，消費四五〇〇元。

但如調升儲蓄比例5%，以儲蓄和消費60：40的比例來安排，是每月存六千元，消費四千元，可比原固定比例儲蓄再多存五百元。

◆月薪三萬五千元時→二萬元是必須支出，扣掉剩下一萬五千元，每個月儲蓄和消費仍以55：45的固定比例來安排，是每月存八二五〇元，消費六七五〇元。

但如再調升儲蓄比例5%，以65：35的比例來安排，也就是每月存九七五〇元，消費五二五〇元，可比原固定比例儲蓄再多存一千五百元。

有沒有發現，儲蓄比例若每一次調薪都增加，比起儲蓄比例一直維持固定，增加資產的速度會越來越快，達到第一桶金的時間會短很多。從可消費金額來看，即使儲蓄比例調升，月薪二萬五千元→三萬元→三萬五千元時，每月可消費金額從二三五〇元→四〇〇〇元→五二五〇元，也有大幅增加，不用一直做「省長」。

你賺的一塊錢，不是你的一塊錢；你所存下來的一塊錢，才是你的一塊錢。

——王永慶（台塑集團創辦人）

多個帳戶理財

大部分年輕人一開始只有一個帳戶，收入、儲蓄、預計開銷全放在一起，一有開支就從這個帳戶中拿出來用，這個帳戶就像大水塘，錢不分門別類地流出去，大水塘水位雖降一點，但不容易感覺出來，沒留心就會超支。最好分成多個帳戶理財，如同將大水塘的水分流到小水池儲存，水位降一點，立刻讓人有警覺心，會去關注掌握現金流。

有一位子姪輩問我：「我知道要先把儲蓄錢扣下來，但不知道存下來的錢要如何配置？生活必要開銷要占收入的多少才是合理？存下來的錢要撥多少做為第一桶金？我偶爾想享受的錢應從儲蓄中動用多少比例才好？」

以下有幾個接觸過理財資訊的人都耳熟能詳的金錢管理系統，我覺得可以給年輕人做參考，雖是老方法但挺管用。因上網就可找到詳細說明，故不深入介紹，只是略舉。

⊙理財3分法

把每月所得分成三份，這三份的名目，依個人理財目標去設定，分配比例也依個人規劃自己抓出來。

★可以是存款、生活費、投資。

★可以是儲蓄、必要開支、零用錢。

★可以是預備金儲蓄、投資理財、生活消費。

★可以是活命錢、享受錢、投資錢。

這個方法好處是很簡單，適用財務狀況簡單的初階理財者，但各名目項下的錢無法精細做支出規劃。

⊙信封理財法

是用消費種類來控制開支的金錢管理方法。記得要將儲蓄先扣下，然後把要開銷的錢從銀行提出，按預算分別裝入標註不同消費種類的信封中（也可以用夾鏈袋、撲滿……來裝錢，請發揮創意，什麼好用就用什麼）。例如：

★房貸房租

★水電瓦斯

★伙食費

★交通費

★保險費

★手機通訊費

★娛樂費……

限定自己各種消費只能從對應的信封中拿出來花用，當信封一薄，很容易驚覺要控制花費。

⊙6個罐子理財法

這是《有錢人想的和你不一樣》作者哈福．艾克（T.Harv Eker）提出的，好處是結合「財務自由」及「先支付自己」觀念，並提供一個開銷規劃的建議比例。

★財務自由帳戶（10％）↓只能運用在投資或事業上等可以產生「被動收入」的事情上。

★教育帳戶（10％）↓做為學習、投資自己之用，有助提升收入所得。

★生活必需帳戶（55％）↓支付「必要的」食衣住行開銷。超過55％，應先考慮生活簡單化。

★玩樂帳戶（10％）→用來享樂，為了讓自己保持理財動力。

★支出用長期儲蓄帳戶（10％）→用在需要儲蓄一陣子才能實現的東西，如夢幻假期、3C產品、名牌精品或提前還清貸款。

★贈與帳戶（5％）→這是個助人、奉獻的帳戶。

當然每個人生活環境、型態不同，以上的儲蓄與消費比例可依個人需要調整。

3 努力工作永遠是王道

年輕人的收入來源，最主要是工作薪資，想把第一桶金裝滿，薪資收入可視為注水粗管，如果有其他的存款利息、兼差收入，在此階段是較細的注水管，所以要存第一桶金，先要把工作顧好，尤其是本業！

其實第一代有錢人的財富基礎大多也是來自於本業努力工作獲得的報酬，到現在還有很多成功企業主只是專注本業經營，就讓收入源源不絕。所以當工作是收入主要來源時，如何讓薪資最大化很重要。

因此最穩健的投資方式就是投資自己，讓自己在職場上「有利用價值」，而不是拿時間換金錢，那樣越老越不值錢。當把自己打造成「很好用」時，最可能的薪資最大化就是加薪，另外有機會接到業內外專案而獲得獎金或兼職收入。

我認識一位媒體工作者，在工作的職場上積極爭取寫特稿，賺到稿費還提高能見度，因此被其他媒體邀約撰寫外稿，一個月平均增加三千多元收入，甚至因此兼職接下小型雜誌審編工作，每月再多一萬元收入。

在本業上努力經營、琢磨工作能力，了解公司產業，也能成為轉換跑道、找到下一個薪水福利制度更好工作的跳板。薪資增加了，注水管更粗了，第一桶金水位自然滿得快。

4 別一直想著靠死薪水致富

俗話說「錢有四隻腳」，所以兩隻腳的人追錢很辛苦（靠勞力），錢追錢才容易（靠投資）。可惜仍有不少人囿於個人觀念，只敢採取最保守的理財方式，這樣不容易有錢。我們對財富的累積不需要瘋狂激情，但要保持關注和熱誠。

法國經濟學家湯瑪斯．皮凱提（Thomas Piketty）寫的《21世紀資本論》書中提出一個重要觀察：人類歷史在這百年來，「資本報酬率遠遠超過經濟成長率」。也就是說資本投資的收入成長速度遠大於薪資收入，更淺白的意思是有錢人大都是靠資本賺錢而不是靠勞力賺錢。而且資本越多者累積財富越快，這已是不爭且難以改變的事實了。

光靠死薪水也是可以生活，但淪為M型社會貧窮端的機率大增，所以了解這個趨勢的人會把錢拿去投資，更積極的理財。現在年輕人必須對資本形成有一定的認識，還要有點膽子去做投資理財。

世界上並非每一件事情都是金錢可以解決的，但是確實有很多事情需要金錢才能解決。

——李嘉誠（前香港長江集團董事局主席）

複利只是個好幫手

複利是個幫助儲蓄倍增的工具，但想要完全靠複利達到優異的理財目標，那的確難度頗高，時間也長。首先要報酬率高且穩定，再來本金夠大才能滾出比較大的數字，並能堅持本利不脫鉤，全部再投進去。

也就是說如果每月存一萬元，五年存了六十萬元，以現在銀行定存利率百分之一點多（暫定一．五%來計），這六十萬元拿去定存，要倍增為一百二十萬元須經過四十八年，想靠複利致富等不及吧！

所以有錢人的財富來源多是靠本業高收入、銷售商品、創業、投資股票或房地產，而不是靠複利。這樣說並非要你別儲蓄（第一桶金就靠儲蓄，才能創業或投資），而是致富不要只靠單一工具，如果能夠找到投資報酬率更高的理財工具，財富翻倍的速度更快。

有人說風險好大，定存就好了！可是在低利率時代，定存增加的錢往往被通貨膨脹吃掉。即使是一般認為的高風險投資工具——股票，只要能慎選好公司、高殖利率的股票，穩健程度跟定存差不多，可是投資報酬率是定存的好幾倍。

就算是定存的錢，也不是要讓你賺很低的利息收入，是讓你存投資本，當遇到非常難得的投資機會時，要拿出來用的，像台股破十年線的時候，要敢危機入市。

致富的途徑是擺脫靠薪水過日子

如果現在的本薪不足以讓你致富，兩種方式可增加財富累積的速度，一種是開源，爭取更多主動收入（用能力掙錢），第二種是投資，產生被動收入（用錢賺錢）。

我剛工作時收入來源是教書的薪水，因為對傳播財經知識給他人有熱情，開始寫文章刊登在經濟日報或其他財經期刊；閱讀的人多了之後，被邀請去演講，演講費成另一個收入來源；文章寫一陣子之後，產生出書想法，決定將艱澀的財金理論寫成通俗易懂的教科書籍，此後出國參加研討會時，在國外書店一待就是一整天，汲取寫書的靈感。後來我撰寫的第一本教科書就參酌很多國外的作法，包括附上投影片、教具、題庫等，一次滿足授課老師的需求。我基於熱情從本職衍生出的其他相關工作和技能，讓我收入多元化，也讓我在辭掉幾乎是終身雇用的安穩教職，轉戰比較動盪的金融實務界時，降低了後顧之憂。

我有晚輩在影音公司服務，會媒體製作，閒暇外接一些案子，如婚禮影片、公司多媒體製作；一個學生在專業金融機構工作，因財務投資獲肯定，受邀演講出名，後來他在補習班兼課教書，出版考試用書。兩人都同時做多個工作，均為增加賺錢機會、累積財富。

更積極的理財當然是投資，投資可以讓資本快速成長。以美國的統計為例（台灣也顯示出類似模式），如果一筆錢採用不同投資工具，例如放在定存、放在貨幣市場、放在美國債券、美國股票，**以長期報酬來看，這兩百年來最高是股票，股票比債券多三十萬倍，比定存多七十萬倍**。可以看出選對投資理財工具的威力。

5 不懂理財，賺再多也是月光族

用自己不了解的方式理財，是標準的賭博，運氣好或許能嚐到一些甜頭，運氣不好的時會讓自己財務崩盤。

很多人賺很多錢，但是錢總是留不住，彷彿口袋有漏洞般，錢放進去就流掉了，這跟個性、習氣和理財觀念有關。因錢賺得太容易了，結果不是生活浪費，就是借人討不回，最可怕的是亂投資，沒有做研究分析，別人一說就心動，東投資一點西投資一點，或貿然賭一把，搞得血本無歸。

有一位院長級的醫生每年賺一千多萬元，連續賺十二年，但他現金資產只有六百多萬現金。錢花到哪裡去了？主要是投資虧很多錢。他自己沒時間去看房子，在房價高點時聽了房仲建議，搶進一些「地產蛋殼區」投資，買了好多房子要繳房貸，但地段及買的時機點都不對，被套住了！隨著房市景氣反轉，要賣出更不容易。

不進行研究的投資，就像打撲克從不看牌一樣，必然失敗！

——彼得・林區Peter Lynch（美國股票投資家）

收入高不等於財富自由

外表光鮮亮麗、花錢如流水的人就是有錢人嗎？那是一般人誤把賺錢容易且花錢不手軟的高收入者當成有錢人，結果錢財來匆匆去匆匆，財產未必多。

其實高支出的高收入者根本談不上財務自由，消費過度，花錢海派，一旦收入中斷的話，通常會陷入財務困境。因為沒有儲蓄和被動收入（投資收入）的「錢兒子」來孝敬，反而常是景氣陡降、大環境變動下的另一類「憂薪族」。

我認識的一位股票營業員年薪千萬元，到現在仍在租屋買不起房，手頭上沒甚麼存款。他因為會做業務有很多人脈客戶所以薪水很高，諷刺的是本身在證券市場上打滾多年，賺來的錢卻都在股市中虧掉。因為他只是幫別人下單，服務客戶，沒真正了解投資理財，購買的股票都是追著客戶的消息去投資，這種失敗機率非常高。投資是需專注和專業的。

> 有足夠的內線消息，以及一百萬美元，一年內你就會破產。
>
> ——華倫．巴菲特（美國投資家）

我從美國讀書回來在一間公立大學教書，當時有很多教授因為資深所以分配到宿舍，真的很令人羨慕。有的教授太太也在工作，雙薪加起來收入甚為可觀，可是因為有宿舍，就一直沒想買房子，等退休後沒宿舍想買房子，已經買不起了，所以投資是要抓準時機！

即使是高薪也不見得就能輕鬆買到房子，有一對夫妻，先生在新北市林口工作，太太是一家公司中階主管，為了配合先生工作，在林口租房子，太太開車通勤到台北上班，兩人薪水每月加總近是二十萬元，年收入約二百五十萬元，已經是很不錯的家庭收入，但十年下來，現在竟買不了房，因為高支出！

他們有兩個小孩，為了考慮小孩讀書學區，開始想在台北市購屋，但兩個小孩讀的是全美語幼稚園，教育費、兩台車的貸款、交通費、房租、保險費（以儲蓄險當成投資）開銷不小，加上講究生活品質，每個月竟然只能存三、四萬元；加上台北市的房價這幾年漲很大，好學區尤其貴，現在看上的房子，連頭期款都備不足。

另一個年輕工程師每個月賺六萬元，也是存四萬元，當然這個年輕人沒結婚住家裡，但能存下2／3的收入，顯示是一個有計畫性的人。如果他和以上住新北市林口雙薪家庭理財投資的報酬率一樣，十年後總資產可能差不多。

Q 請教大師

現在工作沒辦法讓我快速提升和加薪，想要增加收入，早點存到第一桶金，應該去從事副業或兼差嗎？

一般說來，老闆不希望員工分心做副業和兼差，怕影響到主業的工作品質。所以如果你喜歡現在的工作，公司環境也不錯，公司盯得緊，就專心在本業上，跟著公司成長。因為表現得好，公司即使現在還沒給予實質獎勵，之後加薪升遷是有希望的。

如果擔任的職務無法讓我們提升（無論是職位或薪資的提升），這時候重要的還是回到「投資自己、打造自己」的觀念，要培養自己工作能力符合工作需求，甚至是超過工作需求，應該有的證照最好多幾個。

更進一步可以打造自己跨領域的能力。這樣有機會在公司內就能轉換職務，換到比較有發展性的工作，也更有跳槽的條件。老闆最喜歡員工本身有跨領域的能力和經驗，例如一個IC設計工程師，本身若具備數位內容發展、管理方面的知識，大大增加轉型為管理職的可能性。

當然，若公司本身發展性有限，或對工作要求不嚴苛，或有些工作性質較自由，投資自己之餘還有能力去兼差或做副業，只要不要被老闆知道影響觀感，當然可以去做，自我「加薪」。

我的學生當中，有一位在學生時代就很會規劃自己，因為想要高考，所以去補習，他一邊補習，一邊幫高考補習班在學校招生，把打造自己的錢都賺回來；畢業後也做兩份工作，都能勝任愉快。

富裕人生指南

1. 有技傍身加上理財有道，才能財務自由。
2. 錢不夠用，先檢視調整自己金錢流向。不知節流，賺再多也如用手捧水，終究會流掉。
3. 儲蓄是一輩子的鐵則，有智慧的花錢、存錢，是在訓練財務管理能力。
4. 財務規劃能幫你畫出人生藍圖、預習人生。
5. 年輕時省省花，年長時才能自在花。延後消費不會減損樂趣，反而能幫助人在生活中隨時找出樂趣。

第3堂課

不要停止投資自己

1 投資自己穩賺不賠

人最好的資產就是自己，投資自己就是顧好最佳資產。投資的本質是管理時間、合理配置資源，在你分配時間、資源的投資組合裡，有沒有「自己」這一項？

我的經驗是年輕人不用急著打造自己的價格，而是要打造自己的價值。在工作上得到肯定，人際關係建構好後，舞台就會出來。舞台都是從小做起，有舞台就能讓我們的知識、所學發揮。當你第一個舞台受人肯定，就有機會得到第二個舞台；有第二個舞台，收入就會增加；收入增加後有好的消費習慣，不過分奢侈，自然有多的錢可以做投資；培養正確理財觀念，即使投資過程中有起有伏，但十次中有六七次對的，慢慢就會累積財富；會更有自信，更願意去投資，並有能力承擔更大的責任和風險，讓人生一步步穩健邁向財務自由。

這樣的良性循環始於投資自己，讓自己更有價值，所以永遠不要停止投資自己。投資理財有賺有賠，投資自己穩賺不賠！

人，誰都想依賴強者，但真正可以依賴的只有自己。

——德田虎雄（被譽為日本醫界拿破崙、前日本眾議院議員）

持續不斷的學習

很多人出了社會，就以為學習告一段落了，其實才是職場生涯的學習始點。尤其現代人壽命增長，政府政策鼓勵退休年齡延後，職涯時間相對增加，學校教的不可能讓人吃一輩子，要提升職場各個階段的競爭力，只有不斷的學習。

何況現在的企業已沒有照顧員工一輩子的想法了，過去的功勞或現在的苦勞都不能保障工作，很多人面臨中高齡失業的威脅。每個人都會老，若不能與時俱進，只靠苦幹實幹，等體力、精神都無法再像年輕時般的貢獻，莫怪企業無情請人取代。唯有能力還在，才不會被淘汰，要成為公司的包袱還是資產決定了去留。所以不論身處職場任何位置，都要累積自己的資本。

時間寶貴，職場上要學習的能力很多，不能瞎學習。學習的方向當然要貼近企業的核心價值需求，可能是專業知識、管理技能、技術能力、客戶關係或企業獨特資源。充實自己前要了解自己的優缺點、設定職場目標、制定學習計畫，這跟做財務規劃的方式相同。

若視自己為一家公司，對自己這家公司的體質及優勢要了解、對未來要有願景，要準備資本，時常關注市場和願意投資，再加點冒險和資產的分配，這樣勝率會不錯。可以設想自己的資產負債表上有甚麼資產？（學歷、人際關係、專業技能、溝通能力……），有甚麼負債？（外語能力不足、專業證照少、國際觀闕如……），這些資產與負債中有無短期就會影響工作表現的？劣處要儘速補足，優勢繼續強化。如果是幾年後才會影響職涯發展的，則視重要程度利用這段期間依序培養。

我小時候家裡經濟環境不算好，學生時代賣過便當，也擺過地攤，靠這些賺小錢順便磨練自己。但也很清楚這種開源法對自己幫助有限，開始觀察周遭環境，領悟到教育是脫離當時環境最好方法，於是認真學習，並分析自己需要哪些能力，例如覺得文字溝通能力很重要，特意培養大量閱讀習慣；還有體認到電腦、管理能力不可或缺，逐步加強後，終於擺脫環境對我的牽制。

現在政府提供不少免費職場技能培訓課程、圖書館多的是可借的書籍，還有網路學習等，懂得運用，不見得需花很多錢。注意！千萬不要傻等公司來培訓，要自己主動進修先準備好，老闆特愛找立馬可上手的人，不會先提拔再來提升他的能力，除非你是老闆的兒子。

如果不想在世界上虛度一生，那就要學習一輩子。

——馬克西姆・高爾基Maksim Gorky（俄羅斯作家）

畢業後的關鍵五年

儲蓄是對理財的投資，打造自己是對工作實力的投資，缺一不可，都不能等！

入社會的前五年是職場奠基的黃金五年，30歲以前（以碩士畢業24、25歲再加五年來看，不能再遲了！）一定要把基本功打好，有第一桶金、具備相當的本職技能、有一個比較具體的職場願景。願景明確，各階段該再增強的學習項目就很清楚。還有，就近觀察有能力主管的特質和技能，做為打造自己的方向，因為他既然能在這個組織裡被重用，表示他的特質和技能符合組織的需要，值得仿效。

「專業」在工作戰力中是根本，專業能力深就像打樁打得深般，有縱向深度不會一地震就擔心受怕，有助職場存活率。日本人在這塊琢磨甚篤，所以有很多「職人」，也就是所謂的達人、專家，在他們擅長的領域，都必須請教依賴他們，功夫扎深就難被取代。

再能具備本職衍生的相關技能，與本職相輔相成，猶如樁上架梁更穩固。例如本來是美髮師，又進修美容化妝技術、服裝搭配，成為整體造型師，可以服務的客層和表現舞台就更廣闊，容易出頭天。

若進一步還能培養出不同於本職的第二專長，互相結合，好似巍峨的建物再添基椿，發揮的不僅是一加一等於二的力道，而是相乘效果，職場競爭力將更形強大。雙專長人才一直有旺盛市場需求，例如生物科技加資訊工程，商管加法律，財經加資訊管理系統（MIS），都在業界頗搶手，能使薪水三級跳。

當然很多時候計畫趕不上變化，人生很難都照計畫而行，這時候心態很重要，主動思考，不停學習，接受機會給你的挑戰，這是最好的生涯及職涯規劃。

傑出人士與平庸之輩最根本的差別，並不在於天賦，也不在於機遇，而是在於有無人生的目標。

——戴爾·卡內基Dale Carnegie（美國人際關係學大師）

提升know how，才能不敗

甚麼是know how？是指完成某件事情的實務知識、特殊能力或訣竅，不容易藉由文字或口語轉換給他人的一種知識或技能，從創新的觀念與工作的熱情中不斷學習、反覆摸索、實務操作，才能淬鍊出來。

同事常是競爭對手，當大家都有基本職能時，能分高下的往往就是know how，包括對市場行業更進一步了解，搞清楚公司的整體布局、策略，對產品的深度認識、分析及規劃力，或研發能力、客戶需求及掌握未來趨勢能力等等，然後與自己的工作做連結，展現同級對手沒有的「撇步」，自然脫穎而出。

舉例來說，如果你是物連網產業的業務或研發人員，可以把物連網深入淺出的講出個所以然來嗎？哪些公司在做？成功和失敗的經驗？都要隨時跟上最新發展進度，全盤了解，朗朗上口，這樣向客戶或上司做簡報，就先勝人一籌。若大學沒認真只學一半，那進入職場要把另一半儘快補上來。也可以問自己為甚麼別人知道或能掌握未來趨勢，我們卻不知道？這就是要打造補強自己的地方。

外語能力真的重要

在全球化的今天，外語能力讓職場範圍不再局限在台灣，擴大了就業選擇權。而且即使是在台灣服務的工作，據一項調查顯示，95%的企業優先錄取具有外語能力的人才，85%的在職者因為缺乏外語能力而障礙升遷，所以外語能力真的是職場上重要的敲門磚。

語言能力的培養不容小覷，年輕人一定要在外語方面投資自己，尤其是國際通用語言——英語，比一般同輩強20%，在職場上就容易被重視。精通英文的上班族薪資至少增加三成，英文能力是外派的必備條件。我在中華電信服務的時候，有一位員工他英文比別人好，老闆出國就會想帶他去，跟國外email往來也都會找他先看一下，自然多很多表現和讓人認識的機會。

我的孩子在美國讀書時參加學校兄弟會，跟成員生活在一起，英語能力增強很多。回國後到一家媒體公司實習，因英文不錯占便宜，公司得到北京奧運網路轉播權，派他到北京做媒體安排與各國記者協調，之後正式成為公司員工。還是因為英文好，公司跟國外簽的契約、甚至進口節目的翻譯都請他協助，加上他的人格特質願意不求回報只求厚植實力，公司因此給他更多機會，有很多出國出差的歷練，二〇一六年在巴西舉行的夏季奧林匹克運動會是體壇盛事，就派他去巴西接洽相關事宜。

我也看到一些年輕人本身有足夠的專業技能外，還因為具備雙語能力，使他們更添自信，有強烈企圖心與國際人士一同競爭。在兩岸三地跑，如虎添翼；於外商公司服務，與來自世界頂尖高手過招也自在不遜色。

我在這裡不是要鼓勵每個人都出國留學才能把英文學好，在國內也有許多自我進修的機會，重要的是心態願意與時俱進。我英文進步最多的時候，除了到美國讀書，就是四十多歲任職兆豐金控及中華電信時，因為工作需要用英文跟國外法人溝通專業領域。

記得我甫從兆豐金控轉到中華電信就職時，馬上要到新加坡跟投資我們公司的國外法人做簡報，我學的是財務，電信行業初接觸，為了能立即進入狀況，真的很用功，將電信業的中英文名詞全背熟，還將幕僚製作提供我主講用的英文投影片內容，連同投影片下方解釋的說明統統背起來，反覆練習，讓自己二十四小時沉浸其中。我的年紀都可以透過「勤」而精進，還年輕的就不要跟我說「太晚了！」

因為知道英文的重要性，我在學校教研究所時，會鼓勵研究生若能以英文做學期報告或上台報告，成績加三分。有一位學生，我發現他的英文流利、發音準確，本來以為他有國外生活的經驗，經詢問才得知他從來沒出過國，都是靠自己聽ＤＶＤ、廣播、影集等工具，下苦工自學的。有一次我到台灣的美國銀行辦事，突然聽到有人稱我「老師」，回頭看發現就是這位學生，他在銀行的交易室工作。原來他因為英文及專業能力都強，一畢業就有好幾家外商銀行和投資銀行招攬他，薪資很優渥，完全沒有就業的困擾！

過去，學習一向在工作開始時停止；現在，學習永遠不會停止。

——彼得・杜拉克Peter Ferdinand Drucker（美國學者，被譽為現代管理學之父）

適度表現自己，爭取舞台

職場上要勇於表現自己。我在美國攻讀博士的時候，政府於紐約舉辦了35歲以下留美博士學生座談會，當時還是陸委會副主委的馬英九先生及很多國內重量級學者都前來與會和學生交流。現在的中華大學校長劉維琪也有出席，他是財務專家，當時是國立中山大學管理學院院長。我因為學財務金融，主動跟他認識自我介紹，表達想回國服務的意願。他馬上考我，拿了一些他台灣學生博士班論文大綱要我看一下，我一個晚上沒睡覺看完，早上就還給他，並提出自己的看法，令他印象深刻。兩個禮拜後，因為他們新成立系所有缺額，我接到他邀約我去學校服務的電話。

以上的經驗讓我體會到，如果想要被看見，就要主動找機會表達或表現。我在業界服務的時候，是一個開放型的主管，願意與部屬溝通互動，聽取他們的想法，最不喜歡開會時底下一片靜默，大家都不講話。若有年輕人適度表達，態度不會惹人厭，內容也有可取之處，以我的標準，會給他機會試試。

尤其在外商公司或港商公司，是很強調競爭的環境，爭取表現機會要滿積極的，否則「稻叢一片，看不見突出來的那根」，想要有舞台一定要包裝自己、表現自己。台灣公司則比較希望員工是「謙虛的積極」，這種積極是「做事情讓別人看得到，不要老是靠嘴巴講」，自我包裝大約是外商公司的六折就可以了，但也需適度表達、參與意見，在職場上才有能見度。最重要還是要有實力，沒有實力，任何公司都別想混下去！

還有一個體會就是「永遠比別人快一步」，超出老闆的期待！不管是工作上的進度、企業交辦事項，若能心無旁騖、全力以赴地做，在上司、客戶給的時限內，早同事、競爭對手一步完成，不勝出也難！

人類從有歷史以來，沒有任何一件偉大的事業不是因為熱忱而成功的。

——拉爾夫・沃爾多・愛默生Ralph Waldo Emerson（美國思想家）

培養自己專業之外的興趣

職場的競爭壓力是很大的，又占了人生很長的時間，如果沒有本職學能以外的興趣來平衡，釋放壓力，很難對工作一直保持熱情。

我看到一些上班族因壓力大，下班後呼朋引伴交際應酬，以吃吃喝喝的方式來紓解壓力，不是不行，但過度仰賴吃喝，甚至無酒不歡，長期下來給身體留下的只是負擔，不但沒辦法解決壓力，第二天拖著疲憊之軀工作，產生了更多額外壓力。

所以務必要培養一些有益身心的嗜好或能鍛鍊體魄的運動習慣，例如參加社團、登山、練習畫畫、學習樂器或手工藝等等不用花大錢且能提升心靈、帶來成長與快樂的興趣，這也是一種不狹隘的打造自己。這些興趣可以伴隨一生，越做越有成就感，退休後也不會因為一輩子只專注於工作，沒有其他嗜好而頓失生活重心。甚至這些興趣會因投入而成為另一項技能或開啟人生其他扇窗的媒介，帶來意料之外的收穫。

我有一個學生，從事的工作是高度壓力的基金經理人，他喜歡攝影，休假時常會上山下海的找景拍照，別人認為辛苦，但他樂在其中，專注等待光影捕捉美景時，心情格外平靜，壓力都釋放了。隨著攝影技術的精進，他開始鎖定參加有獎金的攝影比賽，不時獲獎，把興趣變成額外收入。

而我在國外留學時學會了打高爾夫球，在美國打高爾夫球是普遍的室外休閒活動，不像台灣人認為是「高而富」的貴族運動。我自己有興趣，加上美國大學都有自己的高爾夫球場，付很便宜費用就可使用，我就善用這個資源，並看書、看錄影帶學，沒想到後來竟開啟了我投身金融經營與管理實務界的契機。

我回國後先在學術界服務，與當時幾個大學的教授組成一個高爾夫球隊，一起運動打球，有時財經業界或各校實務界的EMBA學生會來參加。打球的時候聊到我喜歡在第一線作戰的感覺，因為我覺得念管理的一定要到實務界去歷練，可以累積很多策略規劃及觀察市場的能力。他們覺得我個性適合又有興趣，其中一位因此將我引薦至一家證券公司擔任總經理，從此踏入金融實務界，人生有不同面向的發展。

每天比前一天進步一點

每天只要比前一天進步1%，一八〇天（約半年）下來，實力會增長成六倍，一年下來是原來的三十七倍；反之，如果每天退步1%，半年下來實力會剩為原來的1/6，一年下來只剩原來的3%。這是「一．〇一 VS 〇．九九法則」，出自於一位日本小學校長所製作的標語，意在期勉學生每天都進步1%。

很多上班族想到要學習的東西這麼多，慌了，不敢邁步學習，其實只要每天進步一點點，在時間的「複利」效應影響下，成效差距很顯著。所以一開始不用給自己訂太高、太多的目標，輕鬆起步，產生信心和成就感後，學習會漸入佳境，重要的是現在就開始且持續不斷。如果原地踏步，一．〇一和〇．九九之間，乍看只相差〇．〇二，但日久見真章，高下立判。何況不進則退，不可能留在原地，因為最寶貴的時間已經流失！

學到很多東西的訣竅，就是一下子不要學很多。
——約翰．洛克John Locke（英國哲學家）

不少成功的人都會利用晚上下班後或早上上班前，完成運動、閱讀等事情，例如我認識的一位台灣摩根史坦利前總經理，他幾乎每天早上六點多到公司，七點以前就把全部新聞、報紙國內外版看過，資料讀完，過著早睡早起、規律勤奮的生活。只是大部分上班族經過一整天辛苦工作後，都很疲憊，我的看法是學習不用每天排滿檔，這樣壓力會太大，一週排訂二天、每次兩個小時就可以了，有紀律但不需要到像當兵一樣操練。

想知道一個人會有什麼成就，可以看他在晚上的時間做什麼。如果能夠善用七點到十點鐘的人，他的成就將比一般人高出兩倍。

——松下幸之助（日本經營之神）

2 輸在起跑點，贏在轉折點

每個人的起跑點不一樣，有人天生含金湯匙出生、有人從國立大學熱門系所畢業，出校門就有兩三個工作可選擇，人最好不要比較，比較比不完！真要比較，比觀念和心態，比勤奮和努力，就有機會贏在轉折點。

人生有很多轉折點，轉折點來時能不能看得出來，抓穩方向？這跟自己觀察、體會甚麼是機會的能力有關，必須知識要廣，最好還有尊敬的老師、專業的長官、客觀的朋友可請益，同時要有接受挑戰的勇氣。

贏在轉折點的意思是說，在機會來臨時你準備好了，可以乘勢而上了嗎？雖然沒人能事先掌握機運的到來，但可以提前做準備，具備職場實力、懂得投資理財，這樣時機一到，就有可能翻身或成就目標。

我有一位學生會寫軟體程式，原本經營個人工作室，在網站上銷售自己寫的金融軟體程式，功力受到肯定，接到幾家金融機構邀約他加入體制內成為一員，猶豫不決時，他懂得請教。以我對他的了解和觀察，他當時歷練還不夠，人脈也不廣，沒有一批人可以和他一起創業，創業是要集合團隊，有好的策略將好的產品介紹給市場；他也不具備管理能力，沒有管理團隊的經驗。因此我認為他的網路創業還沒有準備好，建議他到金融機構服務，後來他在金融業做得不錯，回頭想當時沒有堅持創業是對的，因為真的沒有準備好。他在轉折點問我，避免了他白白燒錢和浪費時間、精力的過程。

不要陷入短期的困境

職場上遇到困境是常有的事，但千萬別被絆住陷進去，很多困境都是一時的，請正面思考，培養實力，等待機會。哀聲嘆氣充滿無奈，只會讓短期困境更艱困，甚至變成長期困境。最寶貴的教訓往往是在最艱苦的時光中學到的，重要的是，鍛鍊自己成為被需要的人。

企業中「忌才」是常態，與主管、長官理念不合，遭打壓或不受重用有兩個選擇：「鐵打的衙門，流水的官」，主管也會調動，總有守得雲開見明月的時候；要不然主動走人，開創另一片天。

學歷不如人或機運不佳，家庭、身體因素都可能造成職場困境，就把短期困境當作常態，人生都會起起伏伏，面對現實，適度修正自己的人格特質和能力，找出工作上讓自己快樂的點，認真地做下去，等待時局生變。我看過很多這類例子，只要沒有染上壞習慣吸毒賭博、沒欠很多錢、犯罪，不景氣或工作上的挫折都可以再起來的，要有這個信心。

我在美國讀博士時，系主任叫我做研究助理，幫他跑電腦、找文獻，免學費又有一個月八百美金可領，也不錯，可是我想當助教，因為我希望獲得在美國教書的經驗，但他沒答應。我估計可能我英文沒那麼好，他不放心，就決定打造自己去上英文課，還矯正發音，但仍沒讓我做助教。我沒放棄，決定轉個彎，從外校攻起，到俄亥俄州奧克蘭大學（Oakland University）遞履歷表，他們願意讓我兼課教財務管理，之後我再拿著奧克蘭大學的教學評價到克里夫蘭州立大學（Cleveland State University）爭取到一個教學正職。那時我博士論文還沒寫完，一個禮拜教書三天，每年就可以賺三、四萬美金。

很多生活中的失敗，是因為人們沒有意識到當他們放棄努力時，距離成功是多麼近。

——湯瑪斯．愛迪生Thomas Alva Edison（美國發明家）

持續累積爆發力、跳槽不是壞事

累積職場爆發力無他，就是持續突破自己，而且常在與人競爭或跳槽時顯現。現在職場環境與以前不同，隨時要抱著換工作的準備，有條件的適度跳槽是好的，是讓就業市場對你重新評價，如同股票上市後，公司被重新評價一樣。

換工作不一定是換公司，可以換部門。尤其在體質還不錯的公司當中，當升遷管道不夠流暢時，申請企業內部不同工作的轉調，總合歷練也常能激發爆發力。例如原本擔任清算交割、人事管理等比較後台性質的工作，換到前台做業務，有機會發現自己不一樣的能力。

你為錯過了太陽而流淚，就會連星星也錯過了。
——拉賓德拉納特・泰戈爾Rabindranath Tagore（印度詩人、哲學家）

人絕對不要自我受限，我是一個敢換環境嘗試的人，在財金實務領域換不同工作，曾待過證券公司，後來去從事併購，再到金控綜合金融體學習，之後到中華電信擔任財務長，產業財務相較過去經歷又是另一個層面，接著到中華投資做創投，這些過程培養出不同視野，激出不同爆發力，我在勤益證券擔任副總時，公司獎勵很多，待遇也不錯，半年後中興票券（那時是台灣最大的票券公司，比銀行還大，現在叫兆豐票券）挖角我去擔任他們未來要成立的證券公司總經理。朋友勸我證券業很難經營，不要去扛這麼重的擔子太累，但我判斷這是一個重要的轉折點，在當時網路泡沫化不景氣情況下，即使家裡很有錢，也拿不出三十億元來成立一家證券公司，這份工作讓我可領導一個經營團隊共同打拚，一切從零開始，等同創業機會，對我而言是很好挑戰，因此接受下來，事後證明的確掌握了很棒的轉折點。

薪水不多，該用來建立人脈嗎？

初出社會這個階段，不需要刻意花錢去投資人際關係或參加很多增進職業交流的社團。初期的人際關係應從身邊的圈子開始，跟同學、同事，周遭接近朋友維持一個良好關係，這個好關係是著重在對你個人專業、人品、做事認真及團隊學習合作的一個肯定。

花錢結交一些社會階級高於自己現在層次的朋友，除非有機會讓他們看到你的工作能力或彼此有互補之處，不然人家也不會為你背書、推薦好機會給你，認識了也融不進去。不如好好經營專業、存錢理財、厚植實力，等到口碑名聲嶄露頭角，自然會有人主動找你，可以快速發展不同面向的人脈。

像我的孩子，本來在美國的大學讀書，因沒有興趣，讀一半就休學回國工作了，在公司做實習生，公司派他到北京去協助做媒體安排，認識很多人，包括一些香港大學教授。他工作後自己開始又想要念書了，因為這些港大教授的推薦，以國際學生身分去念港大，若沒有這份工作上自然形成的人脈及工作增添的資歷，要進港大恐怕難度會更高。

3 培養國際觀，掌握趨勢不自我局限

「國際觀」是什麼？可不是看了電視影集中的美式生活，就以為了解美國人，或法國人很浪漫、德國人很嚴謹這類刻板印象，是對國際上人事物深入、多面向的理解與見解。

現在世界已經是一個地球村了，各國間相互依存、合作、競爭的連動關係更為緊密，世界情勢隨時可能左右我們的未來，何況台灣經濟已迫使年輕人開始把到異鄉打拼列為選項，如果對國際現況漠不關心，個人的國內、國際競爭力都堪憂。

國際事務的範疇很廣，政治、經濟、環保、人文、人權、種族等等，需要花時間長期關注才能透澈認識和形成觀點。如想提升對全球金融情勢的了解，建議可從國際經濟、產業發展趨勢切入，國際關係也不能忽略，進而擴大至其他層面。

世界經濟一體化進程越來越快，有些金融問題會在規模、速度及影響範圍方面比之前來得更猛更廣，甚至演變成全球性的危機。例如二〇〇八年金融海嘯風暴、二〇一一年的歐債危機、二〇一五年中國大陸「黑色八月」股災、二〇二〇年新冠肺炎疫情爆發，都對全世界經濟造成很大的牽動及衝擊。至於政治決策影響經濟、產業發展，各國皆然，要理財的時候，也必定要留意。

多方吸收國際資訊

目前台灣媒體對國際現勢關注不深、廣度不足，且普遍呈現一元化的美式觀點。好在拜科技之賜，傳媒、網路發達，可以多方攝取國際上來源不同、立場各異的媒體報導，減少對國際認知的偏食。

在我們還沒洞見時，應向有國際觀的朋友請益，參考他們思維養成過程，學著設身處地站在別人立場看問題，才有辦法真正理解各國差異性及國際事務背後蘊藏的意涵，成為具有全球視野的世界公民。

例如，我們常聽說美國有種族歧視，以為美國沒有致力解決種族問題，其實美國對少數族裔的保護是很積極的，黑人、原住民在入學就業上都有保障名額。我攻讀博士時發現，一般人要申請讀財務、財經、會計博士很難（因為進行總量管制），因畢業就業後待遇都很高，少數族裔因有保障名額，相對容易申請。另外，與我們同文同種的中國大陸人說「行！沒問題」，事實上可能是「有問題」的意思，弄不懂這種因文化變異而形成的語言潛規則，結局往往會令人大吃一驚。

主動與外籍人士互動，有出國體驗機會要把握

直接與外籍人士互動，最容易了解他們的想法。若就學時遇到交換學生或職場上有外國同事，要抓住機會主動交流，能夠幫助自己用外國人的角度看國外。

我的一個孩子在外商金融業工作，他老闆年紀與我相同，已經是台灣地區的總經理，到倫敦出差住在星級飯店，公事辦完馬上轉投宿青年旅社，與來自世界各地的青年

同住一房。不是公司給的差旅費不夠用，而是他喜歡與這些全球趴趴走的年輕人交流觀點，讓自己有不同的國際視角。

旅遊、遊學、留學、參加國際活動、做國際志工都有助海外經驗。以我個人為例，出國留學時因一切對我都是新奇的，讓我像海綿一樣不斷吸收新知，對自己更有信心，膽識變大了；我有學生參加在美國舉行的「未來青年領袖高峰會議」及其他國際性活動；還有友人的孩子以背包客方式，用最便宜花費走過七、八個國家，深入與當地人交朋友。我們共同的感受都是打開了眼界，更獨立、更有向外拓展的企圖心，不再局限台灣觀點。

Q 請教大師

假設一位新人到了一家公司，一個月後發現這家公司不是他想要的公司，是否應該繼續做滿三個月或半年，還是既然覺得不會留在這裡，就要趕快換工作？

首先要問自己去了一、二個月就真的很了解自己的需要和公司狀況嗎？有時候只是適應問題，說不定到其他公司也會有類似狀況。我覺得一、二個月太快了，如做了半年真的很不喜歡、不適合，第一個工作可以趕快跑，履歷表上不用寫；若已做了一年了，我認為就繼續做到三年，至少累積一個資歷！當然這三年也不能乾熬浪費，要學到這個工作的基本職能，及早了解自己、確定人生方向，為下一份工作做好準備。

有人說找工作要找有興趣的工作，能找到最好，但現在職場是買方市場，年輕人剛開始沒有籌碼談興趣不興趣，沒有那麼好啦！我也不是每樣工作都很有興趣。與其「選你所愛」，不如試試「愛你所選」，在學習過程中逐漸培養自己對本職專業的興趣。談性向還可以，是喜歡與人互動？善於觀察分析？勇於表達和創新？依此去找相對應的工作。若性向符合，只要待遇、公司還可以，可以先做一陣子。

每個工作都蜻蜓點水對自己很不利，有些公司會覺得你定力或能力不足，拒絕給你機會，所以換工作也不能太頻繁。換工作最好能應用到以前累積的能力，可以帶給新公司價值，且人家會看得到，這樣換工作對自己職涯最具意義。所以跳槽四、五年一次可以，不適合一、二年就跳一次，否則履歷表列出來難看，反而是個傷害。

工作經驗和資歷一亮出來，就如同職場成績單，是一個升遷與轉職會被參考的重要憑據。勞勃狄尼洛（Robert De Niro）演的一部電影《高年級實習生》，海報上標題「經歷，才是你完勝的履歷」，説得很傳神。希望年輕人在工作上都能不躁進、不著急，遇到問題積極找答案，無怨言接受任務，腳踏實地累積出你完勝的履歷！

富裕人生指南

1. 生涯要規劃，職涯也要規劃。
2. 凡事都有例外，無法按照規劃而行時，調整心態，保持開放胸襟，接受挑戰。
3. 學習跟投資一樣，重要的是現在就開始且持續不斷。
4. 英語是職場的通識能力，必修！
5. 實力就是競爭力，維持優勢的關鍵點在於持續的學習。在生活中隨時找出樂趣。

第4堂課

學習投資之道——用錢賺錢

1 認識投資

踏入用錢賺錢之路前，先來了解一下甚麼叫投資？就是為了個人財富或企業價值，「現在花點錢，為未來賺更多錢做準備」的活動。

投資工具知多少

投資活動很多，例如將錢存入銀行，買賣股票、債券、房地產、黃金、珠寶、骨董、名畫等各種資產；企業購置土地、廠房、機器等生產設備；當然，之前講的個人接受教育或在職進修也屬投資活動。

根據資產的類型，投資活動又可分為實質投資與金融投資兩類（見表1）。實質投資基本上投資的資產多屬「實質資產」；金融投資則專指「金融工具」的投資活動。

當然可投資的資產、活動不止以上這些，舉凡買進來賣得出去、能賺錢的，都是好投資，像同事朋友間的標會也是一種投資活動，每個人會依著因緣際會，各有不同接觸。

過去台灣個人投資人比較普遍進行的是房地產、股票及共同基金的投資，近些年來隨著理財觀念和投資環境的變遷，可供投資人運用的金融工具越來越多元，而且相較實質投資，小額資本就可以進行金融投資，因此愈發活潑化，很適合小資族做投資的起步。

如何獲得資訊及增長投資知識

投資之前，要有先備的基本知識，投資不做功課，是跟自己的錢過不去。金融投資雖是門專業技術，但仍要重申的是在此傳媒發達時代，想學或獲得投資知識不難，資訊內容大同小異，對產業趨勢發展、轉折

表1

投資	實質投資	房產、黃金、珠寶、骨董、名畫、土地、廠房、機器
	金融投資	股票、固定收益型商品（債券）、共同基金、衍生性金融商品（期貨、選擇權、認購〔售〕權證）

看法也不會差太遠，關鍵是吸收資訊後的思考分析與運用磨練才是重點。時間有限，除了財經現況與總體經濟掌握外，選定幾個優質資訊來源參考即可。

> 學習知識要善於思考、思考、再思考，我就是靠這個方法成為科學家的。
>
> ——愛因斯坦（猶太裔理論物理學家）

累積知識可以這麼做：

⊙看書

讀書聽起來是一個老掉牙的建議，但卻是最扎實的做法。許多投資大師都出書傳授投資心法，但要對投資有整體的概念，最好還是買本《投資學》或者《證券分析》的書來看，以修一門課的心態去了解，畢竟研究任何學問，均必須從基礎打起。只要讀通一本就好了，當對一、二個有興趣的領域認識較深，就可以相同的邏輯運用在其他領域。其實市面有些教科書內容深入淺出，是給大一程度、十八九歲同學認識金融基本知識而寫的，真的沒這麼艱澀難懂！

⊙閱讀報章雜誌

專業報紙《經濟日報》、《工商時報》提供的資訊和個股消息豐富；想要了解什麼投資熱門，《商業周刊》、《今周刊》都不錯。國外知名的有美國專業財經周刊《霸榮周刊》（*Barron's*），該雜誌以對前景、對公司準確判斷和透澈分析及對股票市場的調查報告著稱。

⊙網路是你的資料庫

網路上太多免費投資雜誌及部落客提供投資經驗，數量、質量皆有可觀。無遠弗屆的特性讓國際金融財經資訊取得變容易，美國的《華爾街日報》（*The wall Street Joarnal*）、《紐約時報》（*The New York Times*），英國的《金融時報》（*Financial Times*）、《經濟學人》（*The Economist*），日本的《NHK》都有網路中文版。

⊙請益好朋友

找到一位或一群願意分享且擅於投資的朋友，彼此切磋學習、刺激思考，提供好的投資資訊，但不是互問「明牌」。不要依賴營業員或理專，營業員只是幫客戶下單，不見得專業；理專普遍年輕，本身未必有很多投資賺錢的經驗，推薦的多是公司教育訓練中要推的商品。更別誤信投顧老師或盡信名嘴，小心他倒貨給你，如果他們這麼棒，專注在自己的投資都來不及，哪有時間天天上電視教學。

選定投資工具

「工欲善其事，必先利其器」，上投資戰場一定要找個順手好用的工具幫你賺錢。要選哪種工具？不同投資工具各有適合對象（見表2），跟個人喜好、個性、年齡、風險承擔力、進入門檻都有關，自我評估後，選定一兩項專注做，最好不要甚麼都沾一點，十把鐮刀鋤頭，也比不上一把屠龍寶劍。

新手投資，股票為上

許多人愛問：「第一次投資應該買股票還是買基金？」如果你問我，我首選股票！而且不只是基金和

表2

考慮因素＼工具	股票	基金	ETF	衍生性金融商品	固定收益型商品	外匯
投資人屬性	穩健積極均可	穩健	穩健	積極	保守	穩健積極均可
資金部位	可大可小	可大可小	可大可小	以小搏大	大	大
風險承受	一般	一般	低	高	低	高
專業程度	一般	低	低	高	高	高

股票來選擇而已，與其他金融投資工具相比，我還是選股票。

⊙門檻低，容易進入

也許你會想：「投資基金的門檻不是也很低嗎？選好後交給基金經理人去操作就好了，這對要上班，沒空進進出出又不是這麼懂投資的人來說，不是比較輕鬆方便？而且基金經理人對投資應該比較專業。」

就是因為自己仍要「選」基金，所以進入的門檻與買股票差不多！目前台股檔數約一千檔上下，而在國內發行的基金檔數也接近一千二百檔（這還不是高點檔數），兩者數量差不多，要怎麼選？一樣要有判斷力，看市場、看全球經濟趨勢和哪種產業有前景，還要了解想買標的內容、特性，是平衡基金（主訴求是分散風險、穩健，追求高報酬却買這個會失望）？是新興市場基金（哪些國家拼在一起？拼法不同績效也不一樣）？搞懂才能決定買哪檔基金。如果選基金只看媒體報導哪個區域看好、哪個產業熱門就搶進，彷如買股票聽明牌一般，小心被基金業者置入性行銷。

至於，衍生性金融商品可以當作投機，也可以當作避險，純粹看你投資的目的是甚麼。但衍生性商品投資下去虧了就全部虧了，因此要很專心和專業操作，自我培養的門檻很高，只有少數人在做，賺到錢的人更少。不像股票只要不是地雷股，虧了還能暫抱等機會起死回生。

⊙免收管理費，買賣方便

買基金要收手續費，還需要付出每年1～2%管理費（基金的成效平均落後大盤，這也是原因之一）。買賣手續也比較麻煩，買賣的淨值要等到下午或是隔天才能知道，賣出基金的贖回價款往往需要三天才能拿到。

⊙有自我檢討，學習和修正投資策略的機會

有些從買基金轉成買股票的年輕朋友告訴我，他們當初買基金，原本期待是種不錯的懶人投資法，但後來發現基金「過去的績效不代表未來的績效」，賺賠都不知道為甚

麼，當搞不清賠掉的原因，將無法從投資過程中成長。因此決定拿回投資主導權，發奮研究市場和想買的個股（雖然剛開始有點痛苦，因為不能偷懶），自己操作的結果更豐碩和踏實。總而言之，理財是自己的事，本來就該花時間了解投資標的，一味想圖輕鬆靠別人替自己賺錢，沒有判斷力，賺不到錢也沒什麼好抱怨的，因為根本沒花時間在學習投資理財上面。

> 投資既有趣又刺激，但若不下苦工，就可能有危險。
>
> ——彼得．林區（美國股票投資家）

當然基金不是不能買，基金是委由相對專業的基金經理人投資各種金融工具，有分散風險功能；只是投資股票最容易磨練投資技巧，所以先到股票市場操兵，等經驗和技巧成熟後，有更寬廣格局去看國際市場，拿部分資金去投資海外型基金或其他金融商品，是可以考量的資產配置。否則搶在某個新興市場一片大好或基金爆募時買，往往就是市場過熱的高點，要小心反轉。

如果真的還沒學習到買賣股票技巧，手又很癢想參與市場成長，可以由ＥＴＦ類型的基金開始。交易規則幾乎跟股票一樣，而且交易成本比較低，一般股票賣出要被課千分之三的證交稅，ＥＴＦ只要千分之一，管理費每年大概只有〇．三五五％；唯投資績效最多只會與大盤指數相等，不可能有超過大盤的報酬。

⊙勝率較高

債券等同於定存，利率頂多多個〇．三％～〇．五％，很難累積財富。投資衍生性金融商品，據國際上統計，平均勝率只有5％而已。另外，根據研究顯示，部分專業基金經理人可以打敗大盤，然而大多打敗大盤的基金績效也無法持續許久，基金經理人的偏好會影響基金的效益。股票的勝率雖低於20％，但已是最值得投資的。

⊙資訊公開

股票是台灣主流金融商品，依金融管理單位規定，上市上櫃公司必須提供的公開資訊算是世界前茅，市場上容易取得豐富免費的研究資料，手機隨便看看也都有一大堆可下載的股票軟體、產品組合APP，包括法人進出、外資買賣超、券商進出等資訊都有。基金和其他金融商品的資料相對少和不透明。

⊙要積極或穩健操作都行

個性積極、喜歡挑戰性或保守理財、穩扎穩打的都能找到適合標的。資金大小也都可以參與。

2 投資之前應該知道的事

投資可稱得上是一種藝術，無公式可循。在躍躍欲試前，有些必須知道的事要先知道，以免好不容易存下來的錢，因為愚昧或衝動行事而化為烏有。

投資必然有風險

甚麼是風險？以投資而言，某種金融工具或資產的「預期報酬率和實際報酬率不一樣」即為風險。通常高報酬必定伴隨同等級的高風險，這是無法避免的事。

投資每種金融工具所需面對的風險也不盡相同，若有人告訴你有一本萬利、不會虧損的投資，鐵定是詐騙集團！連錢存銀行都有銀行倒閉的風險，而且現在有些國家的央行已實施負利率政策，將來有可能錢存銀行不但沒利息，還要付保管費。

從事投資活動的風險來源主要有市場風險、利率風險、匯率風險、通貨膨脹風險等等，如果沒有做好準備，我們其實比自己想像的脆弱。

風險來自於你不知道自己在做些什麼，股市像上帝一樣，會幫助自助的人；但和上帝不同的是，它絕不會寬恕那些不知道自己在做什麼的人。

——喬治・索羅斯George Soros（美國貨幣投機家，股票投資者，被稱金融大鱷）

⊙承擔風險，才能享受報酬

成功是敢想、敢行動、敢冒險的結果。想要以錢賺錢，也要有可能賠錢的準備，假如不敢冒險，就必須接受不會賺大錢！當然，就算承擔了風險，也不保證會賺大錢。

風險承擔力跟每個人資金多寡、年紀、個性、對投資的了解有關係。如是把投資當本業的專業投資人，有時間、對投資了解深，勝率當然比較高，適合積極型投資。另外很有錢，輸了也沒關係；或錢很少，當做操兵演練，也可以試著積極投資；如果是屬於上班族理財型投資，沒辦法分心看盤，就不要跑短線做波動太大的，以免上作心情受影響。若是快退休的年紀，房貸繳清了，手上也有點現金，生活無虞，即使多賺個20～30%，對生活沒有太大加分，那不需要做風險大可能蝕老本的投資，固定收益每年比通貨膨脹多一倍的就好，買中華電這種穩健型股票很適合。

有錢的人可以投機，錢少的人不可以投機，根本沒錢的人必須投機。

——安德烈·科斯托蘭尼（德國證券界教父）

⊙有限分散

風險控管和多元化投資能減輕、分散經濟風險，這對擁有大資金的法人很重要；但個人投資的話，除非是資金雄厚的大戶，有資產配置、節稅需求才需要。像債券做為投資主力賺不了甚麼錢，但相對股票較穩當，資產多的人可以撥出一定比例資金來做，成為投資組合中的一部分，讓資產平衡。可是一般人沒這麼多錢，有限分散即可，太過分散反而力道不足，不容易賺到錢，畢竟投資就是要賺錢，而不是不賠錢就好。

股票的類別不少，一般來說有兩類值得關注，可以適性而買，也可以同時兼備投資。

★價值型股票↓獲利穩定、但股票價格相對公司價值被低估的股票。股性穩健波動不大，投資風險低。即使景氣不好，短線上股價被錯殺，仍有不錯的股息可拿；熬得住放長期，投資報酬率很漂亮，甚至更勝成長型股票。購買這種股票唯一要考量的是價格因素，要買在低點，適合長期持有，股神巴菲特就是愛買這類股票的代表人物。台灣股票中的中華電、葡萄王、誠品生比較屬這類型股票。

★成長型股票↓具備持續競爭能力，看似成長潛力巨大，股價驚驚漲，本益比很高的公司，例如網家、阿里巴巴、特斯拉、智崴等股票。買這類股票是買個夢。

以我個人投資股票為例，同時段大概只擁有五到十檔，甚至更少，投資股票跟養小孩一樣，太多檔無法照顧和深入了解。成長型和穩健的價值型股票都有布局，必要時還可能放一些在投機型股票（具題材性和未來發想性的中小型股票），短線靈活操作。資金比重不一樣，且不投資同質性或連動性太高的產業，以免該產業景氣反轉，投資全掛！也就是「雞蛋不要全放在同一個籃子裡，但也不宜放在太多籃子裡，才能全心照顧」。

⊙保險

保險可分為：人身保險與財產保險。身體就是每個人最大的資產，和其他重要物質資產一樣，面對無常人生，都需要保障來分散風險，購買保險是將人身和財產風險轉嫁給保險公司，避免因疾病或突如其來的意外、災難帶來的財務困難。所以在理財時，也別忘了將保險規劃進去，尤其是人身保險，年輕時就投保，保費低廉許多。

但保險通常是備用品，能不用到最好，產品多、推陳出新，不可能全買，應根據實際需要和支付能力選擇。重要的是購買保險目的在分散風險，不要聽信業者所言，把保險當賺錢工具，保險公司算得比你精，靠保險發財是妄想；除非自己完全守不住財，只好以扣繳保費方式強迫儲蓄，但以短期儲蓄險為主，目的在存到一筆投資的錢。

熟悉股票市場特性

想賺錢，不知道賺錢場域的現況和生態，卯起來就跳入，兩三下可能就滅頂或被鯊魚、巨鱷生吞活剝。

市場不斷變化，參與者年年不同，法規、制度也都會隨之調整，投資人一定要了解自己想要投資的市場。以台灣的股票市場為例，過去組成以散戶為主，常隨小道消息起舞；**現在整個市場波動由法人主導，外資影響力很大，大盤走勢也常得仰其鼻息。外資移動跟貨幣政策與股市有很大關連，美元弱勢就跑來新興市場買股炒作原物料，台股市**

場變化已不光是了解台灣財經狀況就可以掌握了。

股票市場還有一種特別現象，有人說像女人心般捉摸不定，其實就是中國人的老話「物極必反，否極泰來」。熟悉一下，心情比較不會七上八下。

⊙股價總在你發現前，就已經反映了！

股票市場看的是未來性，股價呈現對公司未來的預期，所以當現在市場出現好壞消息，股價往往已經反映過了。

⊙股市總在被認為最值得投資時，崩跌下來。

當股價不斷上升，持續好久，市場沸騰的狀況脫離現實，投機氣氛高漲時，有遠見投資者已開始出貨，獲利了結。別說股市大好、媒體氣氛非常樂觀時，股市可能崩跌，英國最著名的基金經理和投資者，被譽為「歐洲股神」的安東尼．波頓（Anthony Bolton）甚至表示，連經濟前景好壞都做不得準，因為經濟前景總是在股市高點時看起來很好，而在谷底時則看起來很糟。

⊙當股票沒人想碰時，春天就在寒冬後來臨。

只要市場不死，就與大自然的季節更迭、潮汐起伏一樣，周而復始。當沒有耐性的投資人在失望之餘，紛紛認賠拋出手中的股票，退出市場觀望，通常，空頭市場已經過去了。因為在這個階段，有遠見投資者會趁勢進場買進價值被低估的股票，股市逐漸止穩。

> 我們也會有恐懼和貪婪，只不過在別人貪婪的時候我們恐懼，在別人恐懼的時候我們貪婪。
>
> ——華倫·巴菲特（美國投資家）

進出場的好時機

「買在低點、賣在高點」是大家都知道的投資股票致勝關建，偏偏老抓不住高低點。這個，很多投資大師（如科斯托蘭尼）都提出可以判斷行情高低點的指標，請去做功課，我不贅述，以下僅簡單整理出一些他們的觀察：

⊙行情處於低點訊號：不利消息頻出，指數處於不合理低點，市場卻跌不太下去。

市場悲觀，缺乏信心者都賣出股票了，有遠見投資者默默在買，等待好時機及有利消息的出現，所以市場跌不下去。等到成交量增加，是已經接近下一次上漲起點的訊號。

⊙行情處於高點訊號：有利消息不少，市場卻不太買帳。

一般散戶滿手股票，市場中有遠見投資者卻認為行情高估，不想買進。

此外，成交量也提供了另一種判斷訊息：

⊙ **如果行情下跌，某一個時段裡成交量很大，這表示有大量股票從有遠見投資者手裡出貨到一般散戶手裡。**

⊙ **當成交量小但指數看漲，這種情形對行情發展非常有利。**

表示股票還掌握在有遠見投資者手中，在等待最有利的時機來把股票賣給一般散戶。

⊙ **當成交量小且指數還繼續下跌時，就表示市場前景堪慮。**

股票還掌握在一般散戶手裡，還沒有大量拋售股票，但這並不代表短期之內散戶不會因為一點不利的市場消息而恐慌賣出。

⊙ **當成交量愈來愈大，股票還不斷看漲時，也是前景堪憂。**

此時一般散戶正在積極用持續高漲的價格買進股票。但成交量愈大，表示股票市場愈容易轉變。

股價越高，投資者的期望值就越高，如果股價高得離譜，期望值也會變得不現實。

——阿齊姆．普雷姆吉Azim Premji（印度IT大王，被稱為印度的「比爾．蓋茲」）

除了看市場大勢，其實依股性不同，進出場的時間點也不一樣。在選好股票及做好各種綜合判斷下，據我自己觀察台灣股市特性，會選的進出場時機如下：

⊙進場

從一年來的低點，或更有耐心是多年期（三～五年）的一個低點進場，當台灣總體證券市場跌破十年線，絕對是一個機會點，非進場不可！勝率都滿大的。

⊙出場

★**小型股**（市值三十億～五十億元以下）→通常股性都是醞釀半年或一年，突然之間二、三週內就漲上來，漲超過五成後，又會跌回三成。所以當它漲超過三成或四成就要賣了。

★**大型股**→漲個二成就可以停利，準備出場。

最重要是當初會讓你買下這張股票的原因消失了，就趕快跟它分手吧！所以要很清楚當初為甚麼買它，才知道甚麼時候該離開。

我看有些人買股票像談戀愛，天長地久捨不得分開，尤其是讓你賺到錢的股票，即使已出場了，還頻頻回顧，看到之後這張股票跌5％或10％，又進去買。我建議最好賣掉就忘了它，除非讓你愛它的本質沒變，又跌到一個低點。當股票漲到某個價位就有很多人在買和賣，每個人投資股市的心態、目標不同，說不定我們判斷錯誤會再漲一倍，但是這個錢也不是都由我們來賺。像一條魚，有人吃魚頭，有人吃魚身，沒辦法整條通吃，有時要讓別人接棒做，反正手中還有其他檔股票可以追求。

停損停利的設定

何時停損、停利與何時進出場的意義可以說是一樣的，只是停損、停利是自訂，適合的進出場時機比較看外在環境。**停損、停利既然是自訂，要訂多少當然是依個人承擔風險的能力及股票體質、屬性來決定，而我個人的經驗是「原則上」設定賺賠「兩成」**。

許多人為求入袋為安，習慣停利很快，常常一支股票等了好久終於賺了，但小賺個5％或10％，好高興就賣了，事實上並沒有得到滿足，隨時會回頭看，看到小跌一下又進場，然後愈買愈多，當股價來到最高點時部位最多，別人都丟給你，直到崩跌下來。其實一個基本面好的股票又遇到像樣的反彈時機，不會只反彈10％就停止了，這要有點耐心。

至於「停損」，我觀察目前台灣股市震盪滿厲害的，波段幅度上下二千點左右，當對投資的公司有一定的了解和信心，要習慣股價有二～三成的震盪，不要因為有震盪就害怕了。但一般人若未在下跌20％時做停損，大概就不想停損，想抱住等翻轉解套。我個人則會視股性決定停損點，若屬於投機型股票，我想賺短線的，通常跌破五日線或十日線，最多月線就要出場。若是基本面較強的股票，說不定會等到季線，若破年線，該賠的也是一定要跑。

有關進出場時機及停損停利，並沒有一體適用的絕對法則，環境、景氣、市場一直在變，投資人的特質特性也不同，即使設定了目前停損點，以後也可能改變，但當次的停損設定，當次務必遵守，這是投資紀律，最重要還是要回歸公司的體質及投資人對公司的了解程度。

你的投資方法一定要有系統，否則你連自己置身何處都會一頭霧水。

——約翰・奈夫John Neff（美國低本益比大師）

3 不敗的投資心態

一般說來，我們都認為「人是理性的」，但事實上人是很受情緒影響，不同的心理狀態會導致不同的行為、扭曲認知，做出錯誤判斷。在股市中最常交替出現的心理特徵是貪婪和恐懼，所以往往會產生過度自信或從眾心態，忽略了一些風險警訊，短視近利只專注在自己選擇的資訊上，結果虧錢收場。所以跳脫激情，培養堅強平穩的心理狀態很重要，才能嚴守投資紀律，不慌不亂的面對股市變局。

打造自己的大戶格局

這裡的大戶講的是因為有遠見而在股市中累積出可觀資產的投資人。大戶和散戶的差別，不只是「資金」，最重要的還是「心態」，大戶一開始也是由一般投資人開始。

⊙大戶心態

珍惜自己辛苦賺的血汗錢，所以會徹底檢討每一次失敗，從中汲取經驗，謀定而後動，能做正確的決策，釐出一條成功模式。

⊙散戶心態

散戶的心態和行為往往是小賺就跑、套牢長抱、賠錢等解套；贏了沾沾自喜，輸了懷憂喪志，用賭博的心態追高殺低，所以總在賺少賠多中輪迴。

了解大戶是如何慎重對待投資，要學習的是這種心態！不知道自己賺錢和賠錢的原因，那下次投資要怎麼持續賺下去或避開陷阱？馬馬虎虎就上陣，是送錢給別人賺，無法成為股市勝利組。

一個有堅韌精神的人，可以無往而不利。

——班傑明．富蘭克林Benjamin Franklin（美國政治家、科學家）

股市贏家們常提出的「五不一沒有」

⊙「不」盲從

散戶投資人最容易犯的毛病，就是隨著市場小道消息買賣股票。這是因為懶得做功課，所以沒有自己的定見和判斷，只要有人報明牌就跟進，或在市場恐慌時急著賣出，最後的下場可想而知是買在高點、賣在低點。

⊙「不」急躁

在股市投資中，等待也是一種美德。我們買東西會等打折，買股票若能等到有價值的股票價格打折時買，一次撿便宜比多次進出還強，尤其對上班的理財族，頻繁進出搶短線會累死人，不是好策略。氣定神閒才看得清楚甚麼是切入的好時機。

還有不要看到別人的股票比自己的股票會漲，就將原先看好的優質股票賣掉（除非當初讓你買它的優點消失了），去追買已經大漲一段的股票，往往會「捉龜走鱉」。常見換股之後賣掉的股票開始大漲，而買進的股票則開始走弱，因為體質優良公司長期競爭力不受短期市場動盪影響，只要耐心等到股價回升，報酬亮麗；至於已漲過一段時間的股票，小心「股價往往已經反映過了！」

⊙「不」借錢買股票

投資要晚上睡得安穩沒壓力，最好是用閒錢投資，賠光了會心痛但不會影響生活。借錢終究還是會有還錢的壓力，如果借錢、融資買股票，當股市行情不好時，易被迫賣在低點，慘賠出場。

⊙「不」買沒有未來的股票

散戶資金少，會挑股價低的股票投資，但要有本事挑到有成長潛力的產業及公司。的確，如果能投資到明日之星的公司，趁現在股價還低就買入，未來有機會狠賺，但要能慧眼識英雄，且要長抱等它成長，偏偏一般人若都能看出這家公司的潛力，通常它的股價已經不低了！

股價低的股票代表公司較沒有成長潛力，所以長期股價表現不好，不留意還可能下市；即便有漲，多半是因炒作短線題材而致，要用這些股票賺到錢的機率不高。

⊙「不」貪心

賺錢時還想要賺更多是人之常情，但股價漲了一直抱著不賣，結果會是如何？試想價格好時你沒賣，跌價時你會捨得賣嗎？應該會期待再漲回去吧！漲回去你還是期待高點再高點，不想賣；若又跌下來，除非虧本了，不然仍捨不得賣，股票不賣掉就不會變成錢，都是紙上富貴一場。

⊙「沒有」賺錢時懂得停損

大家都希望一買進股票，股價就大漲，但買進股票之後若股價大跌，事與願違你會怎麼處理，繼續持有或認賠出場呢？股市贏家通常會設定一個自己可以忍受的停損點，當股價跌到停損點時，代表自己當初的判斷有誤，就會毫不猶豫的賣出避免套牢，保持資金活水，檢討原因後尋找下一個更好的標的。正所謂留得青山在，不怕沒柴燒。

固執的投資者須具備四種要素：金錢、想法、耐心，還有運氣。

——安德烈．科斯托蘭尼（德國證券界教父）

4 正確的投資觀念

在股市中要賺到錢，觀念比技巧更重要！只仗勢技巧投資，常見過分專注短線，雖有機會累積多次小勝，但也容易產生盲目信心，疏忽掌握好個人財務管理跟投資紀律，若在股票最高點時將所有部位放下去，甚至追加做融資，當股市大跌，跌的將是別人的數倍，變成讓人扼腕的積多次小勝為大敗，偏離賺錢之道。

紀律是勝利之母。

——亞歷山大．瓦西里耶維奇．蘇沃洛夫Alexander V. Suvorov（俄羅斯帝國名將）

培養投資敏感度

股市指數代表了群眾心態、股市波動反映市場行為，想要培養敏感度要靠長期觀察和親身實作磨出來的判斷力，就像認識一個人久了有互動，自然對他有較細膩深入的觀察。這種判斷力可以協助投資人比較容易避開陷阱、找到良機。

掌握先機對任何事情都很重要，投資理財更是如此，一件事的發生，有些人沒感覺，有些人卻能預知會造成哪些影響。例如二〇〇八年因美國次級房貸風暴所引發的金融危機，海嘯般襲捲世界金融市場，全球股市輪番破底，台灣股市亦從九千多點一路慘跌到近四千點，在這段期間，如果投資人於美國次級房貸風暴發生初期，即察覺可能造成的骨牌效應，早點抽身，就能避開或減少全球股災所帶來的投資損失。

可是很多人投身股市多年，為何還老是在追高殺低沒有判斷力和敏感度？視用心和專注程度！蒐集資訊後研判，一次次驗證，才能累積出可貴的敏感度，沒有捷徑。坦白說投資股票難也難在這裡，有趣也有趣在這裡！

當你具備了投資資本、正確觀念和足夠的心靈強度、判斷力和敏銳度，奇怪的是，運氣也比較願意站在你這邊！

不熟悉的產業及個股不要碰

投資股票等於參與一家公司，成為公司股東，能不了解這個產業或這家公司狀況就投資下去嗎？產業、公司這麼多，法人或投顧公司有專業團隊逐個研究，一般人做不到，但可以先從自己身邊熟悉或有接觸的產業、公司著手了解。像股神巴菲特讓人津津樂道的投資可口可樂公司例子，是因為他自己喜歡喝，所以研究投資，結果寫下他最傳奇成功的投資案例。

可以問問自己：

◆這個產業或公司聽過嗎？知道它在做些甚麼？

◆你有使用過它的產品嗎？好不好用？喜歡嗎，會繼續使用嗎？

◆它主要靠甚麼賺錢？賺多賺少？

◆為什麼想選擇它？（認同公司經營理念？覺得產業有前景？）

◆像中華電信、統一超商等，一般都聽過或接觸過，知道這些公司主要做甚麼、獲利來源是甚麼？或者網通產業現在很夯，股價漲很兇，但你知道甚麼是網通產業？做些甚麼？網通股票有哪些？這些公司有賺錢嗎？排名在前的公司是哪家？

掌握清楚後，再決定要不要去深入關注它進而投資。如果搞不清楚，再受矚目的產業和個股都不是你的菜，貿然買下去，飆股還是地雷股傻傻分不清，小心賠一屁股！

掌握選股邏輯，尋找好公司

景氣再怎麼差，體質、業績優良公司的股價總是跌得最慢，景氣回升時，股價也彈得最快。好標的不怕谷底，但怎樣知道一家公司是好標的？

⊙看財報、了解法說會資訊

閱讀財報是投資股票的基本功，財報中許多資訊能透露公司的基本體質，檢視這些資訊，避開可能發生問題的企業，做出決策。所以當覺得財報數字不合理、看不懂，或與市場、產業狀況有背離，那麼先對這檔個股保持距離吧！若要更進一步認識公司，包括它的動態面、經營策略、年度展望，或者公司現在有幾個大客戶，未來是否可能接到單子，有些會在法說會資料中呈現。

另外有幾個判斷基準是我喜歡用的，我常會問三個問題：

★營運狀況與其他同類型公司相比是否比較好↓觀察公司在產業中的位階和競爭力。

★未來是否比今日更有價值↓有的公司是好公司，獲利穩定，但產業或產品目前處於成熟期，沒有接續創新的話，在變化迅速的市場中，可能突然就邁入過度競爭時期或衰退期。

★產業不受國際或總體因素影響而存在的機率有多少↓例如景氣不好時，全球經濟趨緩、資金退潮，它還活得下去嗎？

⊙公司具獲利能力及增值效益

要能交得出獲利成績單，具創造現金能力，而非消耗現金能力，最好是無需大量資本就能創造成長性。有的產業很熱門，但很消耗現金，像生技股，帳面虧錢但股價漲得很兇，技術能力很專業，一般人搞不懂，只能追求短期市值高低，很難了解公司真正價值。

> 市值達二百億美元卻沒有獲利的公司，並不會創造財富，只會將財富從愚蠢的投資人身上，移轉到舊投資人手中。
>
> ——華倫．巴菲特（美國投資家）

⊙有品牌形象及進入障礙

有的公司具有寡占、獨占市場的優勢或產品很強、有很高的品牌認同度，別人難以複製或取代，在趨勢裡有一定的位置，等同有寬闊「護城河」保護，自然在市場上穩站前端。例如中華電信有電訊基礎建設的寡占優勢，可口可樂成功營造出與歡樂氣氛的連結。

⊙經營者誠信問題

當公司的負責人在法說會或對媒體講到財測、產業願景與轉機題材等，或說這幾年花了多少精神在提高公司產品競爭力，我會檢視過去這一、二季或一、二個月它的毛利變化（台灣公開發行的公司都要定期公布業績），若說話算話，我再進去布局。如果負責人對自己說的屢屢修正，不是之前為了要拉抬或穩住股價，大吹牛皮，就是這家公司經營能力有問題，也請敬而遠之。

⊙好公司也要配上好價位

有的公司每個人都知道它很好，導致市場價格遠遠高於評估的價格，仍不是好的投資，股票買下去可能買在高點。適合價格是與歷史價格、同業價格比較，還有參考本益比。接著就耐心等股價到理想買點，往往是股市利空的時候，如果遇到股價在十年線以下，買就是了！

⊙處於趨勢早期的公司先停看聽

因為風險不容易評估，投資重要的是風險與報酬一起來評估。最好等已形成真正趨勢再投資，因為這時不管本土或外資證券研究機構會提出報告，看了之後比較能精準研判是否為潛力股。這樣也許會少賺一些，但風險會降低多一點。

> 天曉得利率、經濟景氣或股市未來會怎樣，不如把精力放在上市公司，仔細研究你投資企業的近況如何。
>
> ——彼得・林區（美國股票投資家）

存股

近幾年來，媒體時有報導哪些人靠「存股」提早退休。這個詞彙頗傳神，一聽就讓人了解長期投資的好處，但先決條件還是要選對股票，同時別以為股票存下來後就不用管它（再說一遍：懶人投資不易有好的投資報酬率）。

基本上能被列入存股的股票多為穩健型且高股息，但股利其實是從股價中扣掉給投資人的，領配息是把自己的錢從左口袋放到右口袋，如果公司沒有成長性和競爭力，股價不漲或漲了都不賣，那有賺到錢嗎？而且股利年年發5％算不錯，但靠股利要賺一倍要二十年，除非投資的本金夠大，不然要到什麼時候才能享受財富自由？

台灣市場小，做外銷的公司大部分是國外供應鏈的一環，環境變數很大，接不到單或過度競爭毛利變薄，都會有影響，不適合做太長期；除非是公司產品是寡占市場或直接面對消費者的，投資人容易嗅到市場氛圍，能夠較靈活的應變。

而且根據經濟部中小企業處的統計資料顯示，台灣中小企業的平均存活壽命僅有十三年，存股可讓人存到退休的真不多。股票的長期投資是指深入了解一家公司，在好的價位進去，放個三、五年等待收益，但期間仍要三不五時關注市場狀況，並非存了就從此可高枕無憂！

股價下跌時該不該攤平？

當遇到股市急跌時，要不要往下低接？是攤平還是「接刀子」？仍就與選股選得正不正確有關，以及口袋深不深和時機點對不對。

評估時機點對不對，與危機分析能力和投資敏感度有關，我會看：

◆**這個急跌危機究竟是源於市場會全面性受影響的風險，還是單一事件？**

◆**籌碼是否很乾淨？**融資都刷掉，表示籌碼已掌握在有遠見的投資人手中。

◆**產業趨勢如何？**若產業趨勢是往上，等風險氣氛過了以後，還是很有機會往上。

◆**大股東持股高低？**大股東都賣掉持股跑了，就知不用接了。

這時公司若有好體質，當初會買它的理由仍存在，股市越跌越是進場時機，只要口袋夠深，可以分批進場承接，好整以暇撿便宜。但如果錢不多，還是即時停損吧！不然以為接到的低點，回頭一看可能還在一路下跌的高點，想續攤平又已後繼無力，那是套牢。

審慎使用財務槓桿

藝高人膽大，真的不能借錢買股票嗎？不是說不冒點風險，不會變有錢嗎？的確，不用一味對運用槓桿原理、以小搏大抱持負面心態，有些企業和有錢人也在借錢投資，結果這些債務讓他們更有錢；不過也常看到太過自信，衝動和貪心的投資，結果演成大災難還拖累親友。

借錢買股票並不罪大惡極，只要記得獲利是要和風險一起考量。這些企業和富人都很嚴密地監控著自己的資金成本，有財務人員專門為他們調度，隨時在找更便宜、利率低的資金來源，你有嗎？沒有的話，要使用財務槓桿要非常非常之謹慎。

如果你是股市高手，且看到好的機會點，需要考量的是還款計畫——借的錢還得起嗎？還款期限夠長，讓你有時間等待獲利嗎？利率高不高？如果全賠光，有應變計畫嗎？一般說來，有豐富投資經驗且技巧熟練者，應該已經擁有自己的資產和現金，若考量過上述風險並能承擔，這不失為一種選項，可以適度運用資產，負債投資；如果資產和現金都沒有的人，還是老老實實先去存錢。

借錢買股票我的看法是：

⊙有房產

融資年利率6～7％，成本比較高，房貸目前年利率約2％，用房貸比較划算。房貸已全繳清者，可以房子向銀行借個二、三成出來投資；或者本身房貸已繳到約剩兩成時，有固定收入情況下，最多再借出兩成來投資，維持60％繳清狀況，不致影響到生活。

⊙有現金

閒錢範圍內投資最好，不要輕易做融資！台灣股市往往急漲急跌，大部分的人都不適合，真要融資，專業全職才能專注做，投資也只做現股部位一半，萬一融資斷頭，還可以拿現股去做質押，撐一陣子等轉機。也就是若投資五百萬元股票，謹守其中一半不超過二百五十萬元是用融資做的原則。

只要你肯動腦筋，就無往不利了，投資最忌好高務遠、盲從熱潮和短視近利。

——雪拜．戴維斯Shelby Davis（美國著名的投資人）

5 做就對了！Just do it

紙上談兵是淬鍊不出好戰士的，真正想感受市場的脈動，光靠看書或模擬投資是不夠的，必須實際參與，沒有「做就對了！」的精神和勇氣，任何理想只會停留在夢想階段，投資亦復如是。只要理財基本功打好了，就是人生投資好時節！

花小錢先進場

新手本錢不厚，先用少部分的資金進場（即使賠掉也還挺得住的比例）去驗證一下所學。這少部分的資金就當學費，是到市場練武功換經驗，所有的股票專家、投資達人都是從這樣開始的，我自己讀財經本科，也是在市場內學習、成長。

因為投入自己辛苦攢下的寶貴錢，投資跟我們有了切身關係，之前學的理論全部

「活」了起來，不再枯燥乏味，邊做邊學也容易理解，會磨出自己適用的方法和技巧，還能觸類旁通發現更多好股票。

當然市場起起落落，投資有賺有賠，幾次的失敗很正常，只要不被挫敗捆綁，從中汲取經驗做一些投資行為及習慣上的改變，保持專注，成為股市贏家並不那麼困難。

> 行動！只有行動，才能決定價值。
>
> ——約翰．戈特利布．菲希特Johann Gottlieb Fichte（德國哲學家）

手上隨時要有現金

投資是非常動態的，機會稍縱即逝，為了避免與大好時機擦身而過，投資人應儘量保持隨時可以出擊的狀態，手中有現金的目的在維持投資的機動性，會管錢才是真正會投資！

投資股票的人都知道，若能忍到歷史低點再集中全力進場撿便宜，即使十年間只投資幾次，投報率大有可能比不斷進出來得高，可是真的忍得、等得，平常不進出的投資人畢竟少數，這時更要控制好手中的現金，最佳買點來時才有本錢掌握。

除了隨時都可能有更好標的、更好價格會出現，保留現金還有助投資紀律——不論空頭多頭，基本上都要分批買賣。當好公司股價掉下來，才有銀彈加碼攤平、逢低承接；也能避免衝動買滿，結果判斷錯誤或股市突然反轉，造成大虧的狀況，這也是一種分散風險。

要保留多少現金水位？我認為最少要有兩成現金，再少就發揮不了作用。

Q 請教大師

投資股票的風險好像很大，勝率只有兩成，長輩也告誡我們說「玩」股票是不務正業，雖然知道任何投資都會有風險，但仍不太敢觸碰。

這就牽涉到理財觀念，若工作所得能讓你享受財務自由，保障你一生，那專注本業、不投資、不理財也可以，但大部分工作是沒有辦法達到這個目的。別看投資股票勝率只有兩成，八二法則在各行各業都普遍存在，創業是、就業也是。在公司工作，20%的人才卡得到主管位子，其他都是基層，為了這一、二成，大家不都拼得半死。

沒有白吃的午餐，有錢人的致富之道，會選擇將部分資產投資在比較有風險的項目上，例如股票和創業。大部分的人都很難創業，沒關係，我們就讓別人去創業，然後我們去投資他的公司，買股票就是去投資公司，投資要有素養，要培養訓練自己，沒研究就去亂灑錢，真的是「玩」股票，能不成為失敗的那八成嗎？

今天我要分享給年輕人的是一個財務規劃管理的觀念，有了投資的know how，要積極、要穩健，看你個人的屬性，至少財源多元化。不然怕東怕西，期待靠死薪水護一生的風險，真的不會比投資股票小。

年輕就是本錢，即使投資失利了，還可以站起來，我反而要建議年輕人應該在「有防備的情形下接受某些思考過的風險」，撥一些資金嘗試波動高、股性活潑一點的股票，尤其是股市跌破十年線，要勇於入場試試，如果連小錢都不敢一試，加速累積財富與你無緣。

其實30～50歲是人生的積極理財投資期，這個階段不管在職場上或投資上，收入都是比較穩定和成長的，也比較能承受風險。尤其當你累積價值資本的方式有限，又真的想要賺錢，必須接受投資股票帶來的風險。現在人晚婚，30～35歲負擔不大，這段期間如果不敢試，之後結婚有孩子、買房子後，顧慮倍增，更跨不出去！

富裕人生指南

1. 優游股海，基礎的你要懂，要讀書不能偷懶。
2. 獲利是要和風險並呈考量。
3. 投資必須具備正面淡定的態度，情緒會讓人錯殺或暴投。
4. 投資理財是一條終身學習的長路，不要期待一夕致富。
5. 投資時，手上留錢是給自己留一條活路！

第5堂課

當自己的老闆——創業

1 我適合創業嗎？

財富自由有兩種常見方式可以達成，一種是投資，一種是創業。比較輕鬆的方式是學會投資，但想要擁有巨額財富，據觀察，全世界不管哪個地區，富豪排行榜上的有錢人幾乎都擁有自己的事業體，成功的事業對增加財富有大躍進的幫助。

台灣人每十人中就有三人想當老闆，真的選擇創業的也不少，愛創業居亞洲之冠。據中小企業白皮書統計，新創企業在二〇二一年底已高達十一萬七一一二家，顯示台灣整體創業活力旺盛。這固然與台灣人「寧為雞首，不為牛尾」的觀念有關，近年來還有很多人是在低薪、工作不穩定，甚至失業情況下，迫於現實面考量而創業的！

創業到創業成功之間還有很大一段距離，不是每位創業者都具備創業精神或經營能力，如果只是抱著賭一把的想法，陣亡是可預料的事。據經濟部中小企業處創業諮詢服務中心統計，一般人創業一年內就倒閉的比率高達90％，五年內剩下來的10％中又有

90%消失於經營舞台。創業的特質是稀有的，比做專業經理人或會投資股票更稀有，做老闆還是要有做老闆的條件，否則還是加強工作職能或投資能力比較務實。

成功好比一張梯子，『機會』是梯子兩側的長柱，『能力』是插在兩個長柱之間的橫木。只有長柱沒有橫木，梯子沒有用處。

——查爾斯．約翰．赫芬姆．狄更斯Charles John Huffam Dickens（英國大文豪）

創業者特質

不管創業的原因一開始是想賺大錢還是求生存、搞創新還是模仿跟進、大規模投入還是小本經營，最後會成功的創業者都不外乎有以下特質：

⊙對創業有強烈渴望

創業家也許是不希望被人使喚，喜歡當老大，或者愛錢愛到心痛，盼望賺大錢，還是充滿雄心壯志，追求成就感，基本上都有著很想成功的「饑餓感」和熱情，驅使他們展現強烈進取性及勇於冒險的精神，所以願意打破現在的立足點，跨出舒適圈。

⊙勤奮和耐力

創業絕對不是件輕鬆的事，不像當上班族，時間到了可以下班，做老闆是沒有下班時間的，甚至連假期都要犧牲。創業家大多數都非常認真努力，有著超乎一般人的勤奮與耐心，吃苦如吃補，具備打不死蟑螂的韌性。尤其剛開始創業，甚麼事都要自己來，身兼多角，常要一再重複做同樣事情，每天工作十幾個小時稀鬆平常，還必須隨時面對無法預期的狀況出現，要能定下心解決問題，耐操耐煩，方能關關難過關關過。

⊙有說服力和能激勵人心

這可以說是創業家的人格魅力，要會講故事、給願景夢想，才能說服他人一同合作創業、招募人才或吸引投資者承擔風險拿錢出來支持你。創業過程中常常是挫折一波接一波，不但創業者自己抗壓性要好，還要進一步能鼓舞激勵夥伴、員工士氣，讓人覺得跟你是有前途的，願意與你繼續奮鬥下去。

⊙具整合和用人能力

創業團隊也是影響創業成敗的關鍵因素。創業不可能只靠自己一個人，還需要可以跟你一起做研發、管財務、開拓業務的人，找到對的人很重要，寶貝放錯地方便是廢物。新創團隊的互信基礎比較薄弱，因此要有整合管理團隊的能力，能與來自不同背景專長的人溝通協調，讓成員間彼此合作，產生向心力，減少內耗。

⊙堅持信念

創業家都是很堅持信念的。有信念是屬於創業的高層次，雖然沒有特別信念也可能創業成功，但有信念更能幫助創業者在面對打擊、困境時，比較容易熬過，支撐自己堅持下去，尤其是初期收入不穩定的日子。

像比爾．蓋茲（Bill Gates）創建微軟公司時，他的目標是「讓每個辦公室和每個家庭的桌上都擺上一台電腦」，但他不是去製造電腦硬體，他的信念是「希望人們能更輕鬆、經濟、有趣味地使用電腦」，因為這樣電腦就會普及化，並據此致力於為個人電腦開發軟體，結果這個信念讓他打造出自己的軟體王國。另外，我看過一位在網路販售自製手工糕點的年輕女孩，當初的信念就是要讓人吃到「誠實甜點」，也許外表沒這麼華麗，但用料好、豪邁放，堅信「美味好料，味蕾絕對知道」，結果讓不喜歡甜食的男生都「掃盤」，從默默無名、一兩天賣不出去一個甜點，到現在成立實體店，每天開店三小時，客人絡繹不絕。

在荊棘道路上，惟有信念和忍耐能開闢出康莊大道。

——松下幸之助（被稱為日本經營之神）

⊙精益求精

成功創業家都有些龜毛個性，把「止於至善」當作創業終極理想，非常講究品質，這種追根究柢的鑽研精神，往往是提升企業競爭力的重要驅動。

例如蘋果的史帝夫·賈伯斯（Steve Jobs），就是一個完美主義者，為了貫徹讓科技產品簡單好用，一個產品可能經歷了無數次的從頭來過，這也是蘋果產品傑出的原因。而像我在本書一開頭提到的美髮師小遠，創業初期有推護髮團購，消費一次才幾百元，但他服務時認真仔細的程度和所費時間，跟原木上千元的護髮是一樣的，對他來講，這是對自己專業的要求，不因促銷就偷工減料。

以上這些特質有些是天生的，好在大多數仍可以透過後天努力改善。如果真的很想創業，那從現在起，請時時培養鍛鍊自己的素質，這樣不僅有助創業，即使最後仍決定留在職場打拼，也絕對會讓你成為職場常勝軍。

成功的企業家和不成功的企業家之間的差別，有一半原因都在於純粹的『堅持』。

——史帝夫．賈伯斯 Steve Jobs（美國企業家，蘋果公司的聯合創始人之一）

2 創業前該知道的事

創業一開始可能是小本經營，但如果老是停留在餬口飯吃的程度，那連說是「做個小生意」都嫌勉強，根本稱不上是創業。總不會在夜市擺個路邊攤就叫「夜市創業」，有上網賣東西就能稱「網路創業」吧？所以在此定義的創業，可以從小做起，但最後是有機會發展為事業體。例如原本在夜市賣滷肉飯最後發展成連鎖店的「鬍鬚張」，或當初以五萬元創業網拍賣衣，十年滾出是二十億元營收的「東京著衣」。

既然是用比較宏觀的角度來談創業，要講求存活、賺錢，甚至規模、有擴充能力及成長空間，不光是被冠「老闆」頭銜就好，有一些創業前該知道的事，先掌握有助提高成功率。

必備的心態

心態對了，行為才會正確。創業無法投機取巧，是要扎扎實實地苦幹，在創業的路上，必須付出許多代價，忍受許多人不能夠忍受的挑戰和折磨，甚至是屈辱，有正確創業心態，方能「享受犧牲，犧牲享受」，不然會讓你苦不堪言，大叫不敢！

⊙及早決定

如果有創業的想法和評估過自己具有創業者特質，建議早一點決定要不要創業。因為創業是非常耗體力及需承受巨大壓力和風險的，是一個艱苦的實踐過程，年紀大了才來創業是更辛苦的；而且如果創業失敗，不管是要重新累積資金或想捲土重來繼續奮鬥，時間上都相對急迫；最糟的情形是創業後到很晚才發現自己不適合當生意人時，已經浪費了晚年寶貴時間和老本。

早決定才能早點為創業準備，學習培養相關能力，能夠的話儘量在二十幾或三十幾歲決定是否創業，四十歲前執行。例如賈伯斯在二十一歲時在自家車庫創立蘋果公司，比爾·蓋茲於二十歲創立微軟公司，而現在網路世代的思維正在改變市場，在使用網路的人當中，十幾歲就開始創業並不少見。當然不管你幾歲，只要特質、條件具備、思考過會面臨的風險，充滿熱情，那也沒有甚麼可以阻止你創業，像把麥當勞打造成全球連鎖餐廳龍頭的雷·克洛克（Ray Kroc），五十二歲才開始這項創業。

⊙沒有退路

全心投入，不輕言放棄是創業很重要的心態，要抱持著破釜沈舟的決心。創業若只想試試看或抱Part-time的想法創業，打算萬一不順遂或獲利不如預期，隨時打帶跑或收起來，這樣的創業心態注定要失敗！

退路會減低奮戰精神，因為覺得即使失敗了，也不致於太慘。人沒有了退路，自然就會往前走。創業過程中難關一關接一關，在沒有「富爸爸」當靠山、沒有退路的情況下才會全力以赴、發揮潛能地去解決面對。當年韓信的背水一戰能大敗趙國二十萬大軍，就是這種「置之死地而後生」精神的體現。當創業者心存退路，也不會有人願意跟著你往前衝。

> 創業者沒有退路！最大的失敗就是放棄。
>
> ——馬雲（中國阿里巴巴集團、螞蟻集團創辦人）

⊙適度保持彈性

做生意是需要手段靈活，對趨勢能敏銳體察和應變。創業過程常需要不斷做決定，每一個決定都是新的決定，都要仔細衡量外境的變化，所以也常常會修正決定，千萬不要根據過去經驗，死守觀點。

這跟「堅持信念」不衝突，信念可以堅持，創業過程中會遇到各種不在預期之中的考驗，這時創業的方法、模式有時是要視現況彈性調整或另闢途徑發展。要達成目標，這條路走不通，還有其他路可以走，也就是理念堅定、身段柔軟、能屈能伸。

馬步扎好了嗎？

創業不是兒戲，也不能急就章，創業是一門大而深的學問，要做的準備很多，小資創業和比較有規模的創業不同，各行各業又有不同屬性的準備，面對創業短中長期目標的準備也有差別，這本書並不針對創業提供作法，想分享的是創業新兵需要有的基礎準備。

⊙最好有工作經驗

不少創業者是從原本工作中得到靈感或汲取經驗。有工作經驗比較知道「公司」的運作是怎麼一回事，擁有為他人工作時所建立的各種資源，例如客戶群在哪裡、原先工作人脈中有無適合成為創業或合作夥伴（有相同、互補或產業上下游工作經驗，知道彼此優缺點及誠信度，減少磨合期），以及學會整合各工作環節的資源。例如想開咖啡廳，先到咖啡廳工作一段時間，可以看別人如何經營、貨源哪裡取得、客戶偏好，老闆碰到瓶頸怎麼去克服，所有流程都清楚了，自然縮短創業初期的摸索，這些經驗都不單單只是喜歡煮咖啡就能獲得的。

這下你可能要來打臉了，說之前提到的「微軟」比爾．蓋茲、「蘋果」賈伯斯或沒提過的「臉書」馬克．祖柏克（Mark Zuckerberg），不是很年輕、沒甚麼就業經驗就自己創業，還很成功？第一，他們推出的產品或事業幾乎都沒前例可循。第二，談創業絕對希望成功，若事前有更豐富的經驗和更聰明的思考與行動，會降低失敗的風險。有工作歷練對市場的需求、滿足點比較容易掌握，人際互動、做生意的應對進退也較成熟。

若及早決定創業，先就業個三至五年，也還很年輕，而且更棒的是，你向你原先工作的地方「取經」學本領，公司還發錢（薪水）給你。

⊙好的IDEA＋能夠執行的商業模式

創業既然有個「創」字，最好能無中生有、有點創意。即使是模仿跟進，也要有一些跟原創不一樣的地方或青出於藍更勝於藍能補不足之處，不然人家為什麼要選擇跟你交易？

創意可以是引發創業的開始，卻不是創業成功的保證。創意的產生有時只是靈光乍現，難在要把它變成有競爭力的產品或創業利基點。創業家都很敏銳及有很強的學習力，即便自己未必有創意，卻能從別人那「借」創意，重要的是能推出解決問題的產品和能夠執行營運模式，滿足市場上某些階層客戶的需求，讓人願意掏腰包，使創意具商業價值。

例如最近很夯的影音串流平台（OTT，Over The Top），其中全球知名的Netflix前身原本在美國是接受網路下單的DVD郵寄租借業者，因為觀察到網路的無窮運用性和DVD不能滿足市場需求，開始推動串流影音，這個模式讓會員跨螢幕就可以看到高畫質的電視、電影，也就是能用電視、電腦、手機和平板電腦等平台，隨時隨地選看自己喜愛的影片，剛好契合到網路世代的習慣，成為推翻傳統服務及獲利模式的成功創業。

還有我在中華投資任董事長時，公司投資了國內一家知名的網路美妝平台FashionGuide，他們想介紹一些本土優質美妝產品給消費者，但原本網站只是個提供資訊的平台，無法賺錢，因此調整定位為美妝市場的「整合行銷媒體」，和實體美容業及通路業結合。他們利用原本網站的社群建立試用團隊，做美妝評等，當一個美妝產品出來，若有八成試用的人評比產品ＯＫ，就可以掛他們ＦＧ特優標章，之後又與屈臣氏等藥妝店合作，讓ＦＧ特優標章產品上架。這個有創意的商業模式讓他們成功得到重視和獲利，然後也辦美妝雜誌，上電視尋找合作機會，廣告收益就更大，近來並將這個商業模式引入大陸發展。

有創意的創業才有前途；沒有創意的創業，有高達90％比例沒有競爭力！

——張忠謀（台積電創辦人）

⊙擬定初步經營策略

為了達成經營目標擬定的行動方針、方案和競爭方式，均可稱為經營策略。經營策略是會隨企業內部條件、外部環境的變動而調整，無法一成不變。像85度C咖啡和蛋糕都賣，在台灣以咖啡來帶動糕點銷售；但在大陸喝咖啡的人較少，所以主力放在賣蛋糕、麵包，行銷預算和服務方面自然也以投入食品為主。

一般說來，初次創業者剛創業時大都是且戰且走的在摸索，很難一次就擬出長遠、大格局的市場開展性經營策略，但起碼要做好自己SWOT（優勢與弱勢、機會與威脅）分析，規劃出產品和服務的現下定位及行銷方法。

例如制定產品和服務價格，要走薄利多銷的平價或產生最高獲利的高價？鎖定的客層？要滿足甚麼樣的需求？要建立自有品牌還是代工？以手機市場為例，小米、華為手機控制成本能力很強，所以攻的是平價市場，蘋果手機走的是差異化，突顯品牌獨特性，握有定價權，這麼貴還是擁有一大批果粉。

人都是喜新厭舊、期待與眾不同的，即使走的是平價或大眾客層，有特色、差異化策略總是最能吸引人。

⊙確立領頭羊和團隊分工

創業團隊中依分工不同，人數可以多，但主導大局者要精，也就是創業領導人一位、不超過兩位就好，其他是追隨者、配合者。各自負責的責任與權限要分明，運轉才會順暢，這個在創業初期就要確立。即使團隊中每個人都是出資者、都是拋掉原本工作的全力投入者，可是多頭馬車是無法前行的，員工也會無所適從，不知道要聽誰的。許多好朋友共同創業，最後鬧得不歡而散就與此有關，因為每個人對於產品的定位以及銷售策略等都有各自的見解，無法整合，創業能不敗陣下來嗎？

⊙挑對進入時機點

在好年頭創業比較容易成功。麼是好年頭？要留意景氣的循環，基本上經濟較好的時候，消費者比較願意花錢。

另外，「領先一大步」和「落後一大截」的時間點都不宜。太過高瞻遠矚的先行者，在別人還不敢投入的時候投入了，固然企業有機會高速成長，做大市占率，但也很有可能淪為砲灰，有時是技術還不夠成熟，有時是整體大環境還跟不上。如果自己的創新和研發能力沒這麼強、未能引導潮流，不妨等一等，看看市場先鋒耕耘的優缺點，以及消費者被教育的狀況，「借」構想後「領先一小步」推出一個更讚的版本。至於不宜落後一大截時間點創業，只要選擇在產業的爬坡階段創業，避免在市場上所有人對某個行業或領域一窩蜂熱時投入，以及不要在產業頂點或成熟期進入，否則很容易陷入流血競爭的紅海，一進入就面臨艱困生存期。

執行力與時機主宰世界運轉，當時機到來，全力以赴。

——馬修．阿諾德Matthew Arnold（英國十九世紀文化學者）

3 創業資源何處找？

創業是件複雜的事，資金、人力、技術及資訊取得缺一不可，想要圓夢，必須找到這些創業資源。現在政府鼓勵創業，成立了一些創業輔導諮詢機構或專案服務計畫，可供利用，像經濟部中小企業處「創業圓夢網」、創新育成中心、勞動部勞動力發展署的「微型創業鳳凰貸款計畫」、「創業諮詢輔導服務計畫」、行政院文化部的「文創產業創業圓夢計畫」等等。或者透過參展比賽提高能見度、尋求工研院合作協助，都有機會吸引到資源。像工研院會把研發成果轉移給民間，人才也可從工研院挖角爭取。

如何募集資金

創業資源中最重要的當然是資金到位，因為不是每種行業都需要高度技術或人力，可是沒錢絕對無法成事。以台灣目前環境而言，創業第一桶金大部分來自：

⊙自有資金

包括自己的存款、以有價證券或房地產向銀行抵押借貸、銀行信貸、壽險保單貸款、標會。

⊙向家人、朋友借貸或說服家人、朋友投資。

⊙官方創業貸款

政府提供的政策性創業貸款主要分成「青年創業貸款」、「微型企業創業貸款」、以及「中小企業小額簡便貸款」三種，要寫創業企劃書，向辦理銀行提出申請。建議創業者親自填寫，一來省了請別人代寫的費用，二來自己寫才能將創業精神、理念有感情地寫出來，這也是創業者該具備的「說故事能力」。第三，再次檢視自己的創業計畫是否完善（事關能否成功營利及還款，銀行很重視這點），有擔保品更容易過關，可貸金額也大。

⊙天使投資人

指口袋裡有鈔票的伯樂，願意自掏腰包提供資金給有獲利潛力的新創事業。有可能是過去肯定你的老闆或激賞你的客戶，甚至原本是陌生人，認同創業者的創業行為，認為有利可圖。若天使投資人真的是慧眼識英雄、眼光精準，未來成果回收是很可觀的。這在國外比較普遍，台灣相對少見些。

等到所創之事業比較穩定、有雛型（比如想做連鎖店，總要有第一家成功的店），還可能吸引到的資金：

⊙創投基金

創投基金會尋找有潛力的成長型非上市企業或是創業早期的企業，投資並輔導被投資企業日後成功於證券市場上市上櫃（IPO）後，出脫持股獲取高額的投資報酬。

⊙其他投資者

若公司具發展性，也會有新的股東想加入，或其他大公司願意出錢投資，甚至提供管理經驗，因為看好你能與其策略結盟、互補。最後還可能有機會把公司賣給這些投資的大公司，大賺一筆，提早退休或再另行創業。

⊙上市上櫃，向股票市場籌募資金。

財務及風險管理

風險管理對企業經營非常重要，只是每個階段重點不太一樣。基本上新創事業初期最大的風險就是產品賣不出去，而財務上的風險主要是財務運用的規劃配比。

⊙還是要做財務規劃

別認為資本很少要怎麼規劃？就是錢少才特別要做好規劃。比如多少錢用在人事、行銷、店面？現在產品的生命週期都很短，多少錢要用在產品或服務上的修正和後續研發？因為創業頭三年還不容易拿到融資，多靠自有資金、親友支持在運轉，因此對一～三年內的財務需求、財務分配，需要做出規劃，以免一下子就把銀彈打光，後繼無力。

⊙不可以「混帳」

我觀察到在百事待興的草創期中容易被忽略，但很重要的一點，就是務必做帳清楚及財務透明化。第一，除非獨資，不然一開始創業的資金不少是親友或股東們從積蓄中拿出來的，是他們的辛苦錢，帳目清楚會讓他們對你更有信心，這是誠信問題。以後當要再追加增資時，他們也比較願意繼續支持。第二，將來要對外募資時，後來的投資人或投資機構絕對要看帳，如果帳目混亂或讓人覺得有做假之嫌，怎麼說服人家願意來投資？

所以不要怕麻煩，想說創業初期一切從簡就好。最好管帳和支出要由不同人控管，也就是會計和出納分開，如果沒有這樣的人手，只有創業者一個人在管帳，那一定要清楚做帳，儘量什麼支出都要有憑證。

4 創業失敗，該怎麼辦？

台灣俗諺說：「狀元囝好生，生意囝難生」，意思是要生出會念書的孩子容易，但要生出會做生意的孩子困難，也就是真正會做生意的人即使不是鳳毛麟角，也難能可貴。對比創業失敗率，這句話還真貼近現實！那當創業失敗了，該怎麼面對？

徹底檢討，真心認錯

創業失敗最怕怪東怪西、搪塞給外部環境，就是不檢討自己。創業是一個不斷摸索的過程，要鉅細靡遺，又要決策敏銳，誰這麼神都不會犯錯？成功創業者絕對不是沒犯過錯的創業者，而是有反省能力，能隨時調整的創業者。那遑論創業失敗，一定有更多要修正的錯誤，不管是對市場極度競爭、消費者心理缺乏掌握，或商業模式、定價策略、現金流管理出現偏差，還是執行團隊有問題，主事者都責無旁貸，要虛心檢討，才能找到失敗原因和自己的弱點，積極補強、學到新東西，而不是花了好貴的學費，卻沒有成長。

我有認錯的勇氣。當我一覺得犯錯，馬上改正，這對我的事業十分有幫助。我的成功，不是來自於猜測正確，而是來自於承認錯誤。

——喬治．索羅斯（美國貨幣投機家，股票投資者，被稱金融大鱷）

當然也有可能檢討後，發現自己盡力了但真格不是創業的料，那也不用感到恥辱而硬撐，本來大部分的人都不是天生創業家。認清這個現實後，天生我才必有用，好好發揮其他長才，也是有機會成功的。像幽默小說大師馬克．吐溫（Mark Twain），投資創業都失利，欠了大筆的債，終於意識到自己不適合做生意，最後是用他原本寫作和演講的專業，再創事業巔峰，還清全部債務。

不是無知讓我們陷入困境，而是自以為正確的謬誤論斷。

——馬克・吐溫Mark Twain（美國著名作家）

珍惜可貴經驗，培養東山再起能力

那些沒把我們殺死的失敗，會讓我們更堅強！很多企業家都曾有創業失敗的經驗，失敗為成功之母，創業失敗經驗反而對他們是一種價值，從中找到對的方向，提出真正具商業價值的好點子。所以創業如果真的是你的職志，那就痛定思痛向錯誤學習，謙卑向其他成功者學習，然後繼續嘗試。成功無法一步登天的！

想要東山再起，還有一項非常重要，就是名聲不要爛掉，創業過程要秉持誠信原則。只要你的名聲還在，不是因為亂搞、亂用錢，或虛榮擺場面將成本拉太高了，一般人都了解創業成功必須配合天時、地利、人和，認識你的人會願意相信失敗可能是非戰之罪，而再給你機會支持、協助你。

顯然，你汲取教訓的來源愈廣，而不是僅僅從自己的失敗中學習，就能變得愈好。

——查理．蒙格Charlie Munger（美國投資家，巴菲特50年智慧合夥人）

Q 請教大師

看起來創業是一條致富途徑，但創業成功率這麼低，若創業失敗，應該怎麼評估要繼續創業還是重回職場？

我覺得若要創業就要抱著沒辦法重回職場的心態上準備！因為即使你自己調適好心態想重回職場做員工，還要看別人給不給你機會。

以企業而言，講求的是團隊合作，能力固然重要，但如果無法體制化，不能配合老闆、主管或部門來運作，格格不入，不會被視為適合的員工。創過業的人，基本上意味本身主導性強，愛做領頭羊、很有想法，也就是不好管的意思，而在台灣創業失敗，還很容易被貼上能力不足的標籤，能力不足又不好管，大部分企業是敬謝不敏。再者，公司也會擔心你只是來偷學技術或know how，把公司當成培訓單位，等時機成熟仍會想當老闆自立門戶，沒有忠誠度，說不定還「飼老鼠咬布袋」，把你養成將來的競爭對手。

另外，從時間因素來考量，假設就業五年後決定要創業，創業是否成功還要經過三至五年才能見真章，這時能走的回頭路已經不多了，企業中不斷有新人進來，早就取代了你的位置。

所以創業一定要審慎、要真實評估自己是否適合創業。創業的甜美除了有機會賺大錢之外，還有心理因素是能獨當一面、能去捏塑一個模式或組織，充滿了高度自我肯定的成就感。要達到這些目的是要付出代價的，不是說過「高報酬必然伴隨高風險」，創業必須處裡各類龐雜事務，要長袖善舞、能屈能伸，無法只憑熱情。

而且有熱情還要搞清楚是針對甚麼？例如因很愛錢或覺得當老闆很霸氣所以想創業，那很愛錢是很愛花錢，還是很愛賺錢？是很喜歡當頭頭被拱高的威風，還是做領導者全力拼搏的承擔力？如果只看得到前者，勸你還是不要創業；看得到後者的人，才會想方設法發揮創意、絞盡腦汁去觀察到、甚至創造顧客需求來賺錢，以及夜以繼日的奮鬥，排除萬難的挑戰各種創業難題，成為真正的領袖。

當然，我不是不鼓勵創業，社會上沒有這種具備冒險精神的創業家，怎麼締造經濟奇蹟，繁榮得起來？也不是說創業失敗就完全沒機會重返職場，如果還算年輕，本身具有技術能力，又有人脈幫助，還是有不少重回職場的前例，甚至回職場滾一滾，再歷練一下蓄積能量，又出來創業。這裡要提醒的是創業真的要有所準備，如果自我評估具備創業特質又有準備，那就大膽追求夢想，帶著鋼盔往前衝吧！

富裕人生指南

1. 創業比就業難上百倍，不是每個人都適合創業。
2. 成功沒有捷徑，只有苦幹實幹。
3. 成功需要冒點險，但切記膽大心細！
4. 真的愛賺錢，會激出洞察力和行動力。
5. 懂得反省，失敗往往成為下一個成功的沃土。。

第6堂課

觀念對了，投資房地產不吃虧

1 有必要買房子嗎？

購買不動產，以投資理財的角度來看也是一種資產的配置，沒有好不好、必不必要的問題，世界上的富豪有人沒有房子嗎？但每個人投資理財的重心不一樣，購置不動產的金額很大，要不要買房還是取決於「觀念」和「能力」問題。

以華人而言，受「有土斯有財」的觀念影響很深，加上很多時候購屋還牽涉到「建構一個家」的心理層面渴求，所以儘管房價高得不合理、收入低得買不起，大部分的人還是拼了命想要買一間房，難怪房屋政策會成為台灣政治人物的重要競選政見。

買屋VS租屋

建構一個家一定需要買房子嗎？其實，有愛的地方就是家，即使是租來的房子，只要一家人聚在一起就是家了。所以買房、租屋如何抉擇沒有絕對標準，但買屋會讓人趨之若鶩，是有以下幾項誘因：

⊙安定撫慰

房子是個不動產，真的有安定人心的功能。住自己的房子和住在租來房子的感受還是大不同，起碼想裝潢提升一下生活品質，住租來的房子有時連釘個釘子都要房東同意。而且只要房東不想出租了，隨時都得打包搬家，這種不安定讓人不想購買較貴重的家具或設備，將就過生活，心隨時處在漂泊狀態中。

另外，以現實面來看，在台灣要結婚，很多人還是會在意你有沒有房子。讓自己、家人有避風港的安心感和不用擔心房東趕人或漲房租的尊嚴感，以及辛勤工作後擁有資產的成就感，滿足了人需要肯定撫慰的心理因素。

⊙投資

房子是資產，只要入手的時機點和標的物佳的話，是不錯的投資工具，除了可以自住外，還可出租、轉售，賺取不錯的報酬。尤其當遇到通膨時，因為錢變薄了，人們傾向購買實體資產保值，土地、房屋是比較具抗跌力道。

⊙強迫理財

不是每個人一開始都很有理財觀念，但從無殼蝸牛晉升為有屋一族，再不會理財的人也必須對手中的錢做全盤規劃。過去吃喝玩樂、輪流買單或追逐流行、搶購名牌，錢不小心就留不住，但有了房貸壓力自然得克制慾望，甚至進一步激發潛能、開創其他財源，在職場上也會更努力及定著，兢兢業業堅守崗位，有機會淬鍊出容易受賞識的工作態度。

⊙養房防老

現代人不敢再期待「養兒防老」，加上單身人口比例一直增加，想養兒防老也不一定有兒可養。內政部自民國一〇二年起開始推動「不動產逆向抵押制度」示範，凡符合條件的老人，可將自用住宅抵押給政府或金融機構，房屋抵押後，當事人每月可領取固定生活費用到終老，適合擁有房產但缺乏生活費用的老年人。這樣擁有房子也等於為自己準備了一份退休金（當然是要好地段、有價值的房子）。

金錢可以買『屋』，但不能買『家』。

——威廉・梅克比斯・薩克雷William Makepeace Thackeray（英國小說家）

自住VS投資

既然房子是資產，不管是買來自住或投資，必須了解市場。先談台灣目前大環境，房價在高檔是事實，來看看幾個數據：

根據內政部營建署統計，最新的全國房價所得比（購屋總價／購屋者年收入），又稱「購屋痛苦指數」，平均是九．八倍。其中數一數二高的當然是台北市及新北市，分別為十六．二倍和十二．九六倍，也就是必須大約十六年不吃不喝、才能夠買到台北市平均價格水準的房子。按照國際比較通行的認定標準，房價所得比在三～六倍之間為合理區間，當然大都市房價幾乎都高過這個比例，但雙北市在國際間排行仍名列前茅。

另外，台北市的房價租金比（房屋總價／年租金）為四十九倍，也就是買了房子出租，要收四十九年租金才能回本，換句話說就是房價貴，租金相對便宜。

當然，隨著國人買不起屋的焦慮感和民怨高漲，政府也展開一連串抑制房價炒作的動作，所以房價近期開始向下修正，但不可諱言的仍是高，大部分受薪階級還是只能望屋興嘆。

⊙自住，最好有房子

從以上數據看來，購屋對現在台灣年輕人或中產階級而言真的是個沉重負擔，那是否就該放棄買屋了？如果你住的哲學是「處處是兒家」，灑脫不想被拘束在定點，就不用傷這個腦筋了。但一般人想安身立命，還是有購屋以求定錨的需求。

而且除非台灣的安養政策和觀念有改變，老人家都能夠入住安養中心或受到子女良好孝養（少子化情況下應該越來越艱難），不然又有幾個房東願意將房子租給老人，尤其是獨身老人？還是有自己的房子牢靠，至少有遮風蔽雨之處。加上購置房地產優點的綜合考量，我個人是建議當能力可以負擔的時候，還是要買房子。

甚麼叫做能力可以負擔？第一，有穩定的經濟來源；第二，自備款有一定的水準或有親人資助；第三，盤算過貸款的償債能力，以及面對人生重大變局如減薪、失業、成家生子等有應變方案，那就圓夢去吧！能夠在財務穩健的情況下逐夢踏實，真的會有回甘的幸福感。

有一位年輕單身漢，愛吃也愛朋友，自己廚藝不錯，但之前租屋處廚房狹小，不方便大展身手，因此下班、放假喜歡約朋友四處打牙祭。後來在父母的催促下買了房子，把廚房打造成自己最重視和順手的區域，下重本買了一些他嚮往好久的烹飪家電、鍋物廚具，開始變成戀家族，不再往外竄，並把朋友約到家中來品嘗他的廚藝。朋友看到他把家打造得溫馨舒適，無不欽羨，結果一票好友都興起買屋念頭，決定在同一社區找房子，其中一位朋友帶家人來看屋時，他認識了這位朋友的妹妹，進一步交往，最後順利結婚成家。他說前女友老是嫌他沒定性而分手，沒想到買屋讓他收心，找到明確奮鬥目標，省下的外食費用還可以拿去抵部分房貸，最開心的是找到人生另一半。

⊙投資，暫時停看等

投資和自住型購屋策略是不同的，過去房地產賺資本利得（價差）的空間大，可以放比較多的籌碼在房地產，但市場變化了，**從投資角度來看，我的觀察在未來五至十年，想要靠買屋子出租或轉售搭上致富快車，不是好的時機**。至於企業、保險公司購置商業大樓的交易，那是另外一種法人觀點，不在此討論範圍。

房產投資能否獲利，與需求面以及整體市場氛圍有關。首先，投資的鐵則永遠是

「買在低點，賣在高點」，現階段台灣房產價格處於高點，加上稅制調高和房貸成數調降，持有房產的成本提高很多。

以投資轉售來看，民國一〇五年一月一日房地合一稅的上路，對短期持有房產的投資客衝擊很大；對房價高、獲利金額高者，稅負也將大幅加重。還有只要是在民國一〇三年七月一日以後蓋好的新房子，不管是否自住，每年要繳的房屋稅也都提高不少。房貸部分雖然利率低，甚至還有可能再往下，但對剛性需求者（自住族）而言，最重要的房價下降比例離期待的滿足點還遠，薪資所得又沒有成長，所以繼續觀望，市場仍杵在「房價僵持」狀況，購屋力道疲乏。

以租金行情來看，現在才想買房做房東，要等到頭髮白了才能回收成本，出租利潤還要扣稅，投資報酬率甚低。而且做包租公、包租婆並不像我們想像的輕鬆，要管理、要修繕、要招租，最怕遇到不好的房客，欠租或入住後把你「貴森森」買來的房子糟蹋得一蹋糊塗，不划算啊！

再來人口愈來愈老年化，台灣人口負成長已在民國一〇九年來臨，房子供給過多，政府又要蓋很多社會住宅，整體環境是不利投資的。

房地產是一種等待的行業！誰能等得起，誰就是最大的贏家。

——李嘉誠（前香港長江集團董事局主席）

2 何時是買點？

房價雖然微跌了，一般受薪階級還是力有未逮，但也別灰心，現在對想靠投資房產大賺雖然不是好的切入點，但對購屋自住者來說，是可以開始留意的起點，因為當景氣不佳或遇政策打房致房市清淡時，才有機會買到價「美」的好貨（真的好貨是很難價「廉」的）。

至於會不會像過去一樣，等來等去錯過買的時間點，房價反身又漲上去？就像所有的投資一樣，誰能精準抓得住進場的時間是最低點？所以買房要「慎謀能斷」。慎謀甚麼？當然是房子的好壞要謹慎觀察和財務要合理安排；能斷就是到節骨眼上要拿出決斷力，不然就買不到房子！

準備好了又想買，就是買點

其實房價在任何年代都沒有便宜過，以現在的房價看以前，怎麼看都便宜，但以前的國民所得和薪水很少，房貸利率很高，曾有十幾趴的時候。每個世代都一樣，年輕時都有養家、活口、買房的痛苦與壓力，不輸現在。我的父母輩、我自己最初買房，也是咬著牙痛下決定買下去的。

要知道台灣過去也有房產慘跌的歷史，雖然當時還是覺得貴，可是回首一看，發現是相對低檔，正是進場精挑細選好物件的機會，房仲會更殷勤積極、屋主姿態較低，議價空間變大，至少沒這麼多人跟你競爭，有機會撿便宜。當然，目前房價只是略有鬆動，不見得要馬上買，只是真的想擁有自己的房子，至少要改變心態，從以前碰都不敢碰，到現在要積極看屋，蒐集情報，抽時間增強房地產知識，由門外漢變內行人，通曉甚麼是好標的，一旦價格甜蜜黃金點來臨時，才不會錯失。

而且房地產價格是否合理，事實上很難有一個判斷的標準，決定房價的因素很多，即使同在一棟大樓，每間房子也會因為景觀、樓層、座向不同，房價有所不同。而且沒有人能真正預測景氣，房價現在看跌，但也可能只是一個循環，甚麼時候會爬升也說不個準。台灣自有迷人之處，還是有很多人想要住這裡，以前法國也曾經人口很少，經政府鼓勵生產，人口回升。說不定以後台灣出生率能回復，或是開放移民政策，又需要更多房子。即使你覺得房子稍微買在高點，但因為是自住，搶先享受過有屋階級的安定和夢想成真的滿足，也沒吃虧啊！

據我的經驗，好地點、好物件一旦釋出，如果價格不是那麼高不可攀，就像美女拋繡球，人人搶接，這時候就要「能斷」了。考量預算還能承擔就要出手，倘使還在想這位美女臉上那顆痣沒有就完美了，為了一些小因素在猶豫，美女就被別人娶走了。要知道永遠都沒有完美的房子，有也是我們買不起的！

價格是你所付出的，價值是你所得到的。
——班傑明・葛拉漢Benjamin Graham（美國價值投資之父）

不是只有台灣年輕人買不起大都會房子

現在很多年輕人對買屋充滿了挫折感，還有一項原因就是以大都會房子做為購買標的。何止台灣，全世界年輕人如果沒有富爸爸或祖上庇蔭留產，一開始就要入住首都或大都會，只能說「想太多！」

大都會或首都因政商雲集，經濟活躍，就業機會、創業資源豐厚，磁吸許多其他城市的外來人口以及新移民和外資，居宅、店面或商辦大樓都有高需求，房價自然水漲船高，轉手有支撐，再怎麼跌仍是貴。假設現在台北市房價對半砍，工作一段時間但未積極理財的人想買都還是辛苦，剛出社會的年輕人買得起嗎？而且大都會高級地段的房地產，不少是外國富豪、外資在買，全球都一樣，像倫敦海德公園旁的房產很多被歐美、中東、中國有錢人入住；我們台灣房地產投資人不是也覺得東南亞房市還在低基期而搶進？

所以年輕人要回歸到自己的預算來考量，先從條件沒這麼好的建物、郊區物件或周邊衛星城市入手，等財務更堅實，再一步步從地方前進中央、外圍切入核心。

如何面對一生最大的負債——房貸

對一般小老百姓來說，房貸很有可能是一生最大、最長時間的負債，需要睿智的理財布局，以免排擠或拖垮其他的財務運用，讓自己變成屋奴。

⊙累積資本

買屋至少要準備頭期款，這個少不了，要靠努力存錢或理財得法來累積。當房地產不景氣時，建商為了促銷房子，會打出「免頭期款」、「全額貸款」，看似不用準備任何錢就可以買屋，千萬別相信。因為只有兩種可能，一種是用銀行信貸或建設公司的公司貸款取代頭期款，另一種是超貸（這是違法，有刑責）。不論是信貸或公司貸款，償還期限通常比房貸短很多，信貸五～七年，公司貸款更短，有的要求一～二年，未來房貸的本息有多重可想而知，如果買房前都沒法存錢，買下去一下子要支出這麼多，恐怕生活無法喘息。

⊙買你買得起的房，做好財務配置

不讓生活失衡的購屋，重點是仔細評估手中擁有的現金與未來幾年收支與財務調度狀況，務實地買你買得起的房子。基本上會建議購屋333原則，也就是自備款至少三成，月付房貸最好不超過家庭總收入的1／3，可以的話30世代買屋。

不過台灣房價高，如果單身或還未開始生養小孩，願意趁年輕吃點苦，也預留了投資自己和理財的預算，月付房貸再拉高一點，不超過所得1／2也可以考慮，這部分因人而異。而理想上35歲前買屋，儘量不晚於40歲，是因為現在房貸償還期限約二十～

三十年，有機會在退休前付清房貸。

有一對小夫妻每月收入加起來六萬多元，自備款一百五十萬元，如貸款八成約六百萬元，在新北市買七百五十萬元左右中古公寓是有一些選擇，但因看上的房子約一千二百萬元，在不肖房仲的慫恿協助下超貸，跟銀行貸到一〇五〇萬元硬買。原本如貸六百萬元，三十年房貸，利率2％，寬限期三年（只繳息不繳本）的情況下，頭三年每月只需繳一萬元，有能力存一些錢投資自己、理財，或為將來生孩子做準備；寬限期到後，本息繳款每月二萬八一一一元，沒超過所得1／2，生活水準不至受太大影響。但貸一〇五〇萬元就不一樣了，頭三年每月繳一萬七五〇〇元，雖不到家庭總收入的1／3，但寬限期一到，每月要繳四萬一九八六元，除非有把握家庭收入三年內能增加60％以上，否則苦日子要來了，甚至可能因付不起而蒙受更大損失。而且以上還是以貸款三十年來看，若是貸款二十年，那負擔就更吃力。

⊙房貸一定要加速還嗎？學習有錢人的想法

購買房地產最大的問題就是現金流動僵固，所以再怎麼財力雄厚的人，也很少以現金一次付清的方式來買房，除非是要拿來做為大手筆殺價的籌碼。而房貸就是一種財務槓桿，有錢人都很會運用財務槓桿，也就是會聰明借錢來產生更大利潤。所以有錢人買房照樣房貸，慢慢還款，將手中的現金拿去做更能獲利的投資，錢滾錢。

大部分的人因為希望房貸能越早還完越好，習慣作法是將拼命賺到的錢第一時間都拿去還房貸，可是現在房貸利率這麼低，既然我們跟有錢人一樣擁有這根財務槓桿，就不妨學學有錢人的思維來操作。第一慢慢還，不一定要加速還款，當收入增加時，以增加的收入去做投資；第二，如同我在第四堂課「學習投資之道——用錢賺錢」中所提，若還款到一個程度，發現有好的獲利標的，甚至還可以再借一些房貸出來投資，這中間如果房價漲了，那又賺更多、報酬率更高。

我認識一個年輕女孩，運用房貸財務槓桿去投資股票，只是很保守地買穩健型電信股，固定投資報酬率有5%，且因將報酬又投入持續買，產生複利效果，而房貸目前年利率才約2％，獲利大於支付，結果讓她房貸還得很輕鬆，還有更多的錢做其他人生安排，也不排除累積資金到一定程度，一次快速還完房貸，總之主權操之在她。

給我一個支點，我可以舉起整個地球

——阿基米德Archimedes（古希臘數學和物理學家）

3 購屋看過來

我們買支幾千元、幾萬元的手機都會比功能、比價格、比口碑，買房子是人生重大決定，房價動輒百萬、千萬元，當然要好好選擇，以免被感覺牽著走（美輪美奐樣品屋、銷售人員很熱情、附贈家俱家電……），做出錯誤的判斷，這種錯誤決定的結果影響重大，可能一跟我們就跟幾十年。

用心學、開口問

一棟房子包括結構、材質、裝潢處處是學問，買賣牽涉到許多法律問題，因為交易金額大，還可能遭逢詐騙，普通人一生購屋經驗大概極有限，要找信譽佳的不動產業者和充實自己的購屋知識。還有，只要你不是房子的第一任住戶，每個房子都有它的故事和狀況，買屋前多問鄰居、里長，多比較仲介商的物件，多了解前幾任屋主的狀況較不吃虧。

選地段、區域

當然好地段、整體區域環境優良，永遠不敗；有成長性如有都市發展計畫地區，也值得從中去選擇適合物件，這樣以後不論是想換屋或變現，脫手都容易。此外就是根據自己的需求去做選取，如果是自住，可以考慮自己喜不喜歡（像有人喜歡清幽，有人喜歡熱鬧），因為是自己要住，沒打算很快賣掉，住起來心情愉快很重要，搭乘公共運輸系統可以在四十分鐘到達市區的就可以考慮；如是投資的，首選生活機能強的房子（交通、學區、醫院、市場……），拉高投資報酬率。而且哪裡人多買哪裡，大概不會錯，基本上，市區和工商活動密度高的地方，幾乎不用擔心空屋現象。

大小是問題

房子越大未必住的越舒服，適當就好，裝潢技術的進步可以讓坪效發揮到極致。如果不是基於實際需求，只是一味求大，徒然浪費空間和增加打掃負擔。若因而買偏遠地區房子，還要額外負擔交通、生活機能不便的支出，且大房子因為總價高，要換現金時沒這麼機動。房子太小也不是好的標的，例如小套房雖然總價低，但銀行對核撥此類房型的房貸裹足不前，管理不好還可能衍生環境龍蛇雜處狀況，轉手承接力道受限。

我有一位朋友換屋，在原本居住的台北市區可買四十坪左右的房子，但因追求居住品味，想住更大房子且希望有景觀，加上自己有車，覺得不受交通限制，最後買在三峽，將兩戶高樓層屋打通約一百坪，買屋支出二千五百萬元，還花了一千萬元裝潢，結果現在後悔了！因為臨時有資金需求，要賣屋賣了一年多賣不出去。第一，屋子太大，除非三代同堂，一般小家庭不需要；第二，花了這麼多裝潢費，轉手時想加計在成本裡，買方不吃這套（若不喜歡，還得打掉重新裝潢）；第三，最重要的仍是地段和區域問題，整體生活機能無法和台北市區相比，外地人不會來，本地人不想花那麼多錢買。所以購屋即使是自住，還是要考量未來流動性。

土地液化區能碰嗎？

台灣位於地震帶，加上土地液化區一遍紅通通的議題，讓很多人擔心房子要怎麼買。其實這些年來建材變化很大，建築工法不斷精進，即使房子蓋在液化區，若地下室或基樁達二至三樓深不必緊張。危不危險跟建物年齡也有關，政府既然公布，也搭配規劃了老屋健檢和地質改善補強措施，就不用自己嚇自己（現在液化區住戶縱然心情被影響，也無可奈何，不可能都搬走）。當然有能力又很重視安全性，那就多花點錢選擇不在土地液化區買房或買制震大樓。

Q 請教大師

我畢業已經五年了，現在存了一點錢，想結婚前就擁有自己的房子，房價目前又有下跌的趨勢，這筆錢適合現在就拿來買屋嗎？

要看你第一桶金的金額多大。如果夠大，還撥得出一部分錢做理財投資的話，房貸長期負擔能力等因素也都考量過，當然可以開始找尋適合的房子。但如果第一桶金的水位還不夠，房價短期內看起來還不會有往上趨勢，可以考慮延個兩年再來買。

你存這一桶金的同時，假使已如同我們前面原則提到，有積極加強投資理財知識、型塑自己的投資邏輯，或有些操兵的經驗，對市場跟投資人心理的了解更深入（沒有的話，就趕快利用這兩年來培養），現在正是投資展拳腳的時候。如果為了要買房，將所有資金投入，排擠投資的預算，斷了因自己理財實力提升而投資報酬率會跟著增加的機會，那就太可惜了！

以目前房子租金行情來看，租屋跟房貸支出比較是低很多，若能貼補父母一些錢住父母家或租房子付租金，把繳房貸的錢存下來，一來可以增加儲蓄水位，二來可以去做更有效的投資運用，強化自己賺錢能力，增加收入和身價，把餅做大，順便觀察房價還有沒有再下調空間，挑選時機進場，到時買房有機會更輕鬆。

投資理財最好還是趁年輕時就開始參與市場，以股市最佳進場的時機點來說（真正市場谷底，進場去買好公司，放著不理就可以大賺的時候），我們人生都有機會碰上幾次，及早參與市場，這個時機點來時就比較容易分辨和掌握到。若是等到房貸還得差不多才要開始理財投資，年紀大了，剩下的機會本來就較年輕開始已少幾次，加上投資需要磨練，投資之初要是又錯失幾次，白白浪費大好累積財富的機會。

富裕人生指南

1. 購屋需務實回歸預算和需求考量，夢幻之屋就讓它留在夢裡。
2. 好物件是不等人的。
3. 用心看過一百間房後，你也會變專家。
4. 永遠選好地段是置產不變的真理。
5. 別讓購屋貸款僵固了你人生的其他投資。

第7堂課

真正的成功——體驗富有的滋味

我一位朋友原本在知名跨國金融機構擔任亞太地區最高負責人，表現很卓越、收入非常高。當他賺到足夠財富後，不到五十歲就退休下來，在國內一家金控公司擔任顧問，目的只是為了維持人脈、資訊與不脫離金融業脈動。他退休的原因是另有生涯規劃，打算在還有精力的時候去發展自己的夢想，目前做得有聲有色，樂在其中。

他嗜飲普洱茶，加上這些年普洱茶早已超越本身的飲用性質，具備投資商品的特性，他就結合財富和嗜好買賣普洱茶，親赴產區去選茶，一方面確保茶的品質，豐富自己收藏，一方面也在交易的過程中幫助當地茶農產銷。

他認為中華茶文化源遠流長，不但包含種茶、製茶、泡茶、品茶等被認為需要高度技藝的層面，還有深厚的精神文明層次，可惜不像咖啡一樣全球廣為風行，這跟行銷和包裝有很大關係。國外星巴客行銷咖啡非常成功，引領咖啡潮流，茶葉其實也可以這樣來推廣。

他的興趣很多元，因為過去工作關係與媒體有接觸，引發他對媒體社會責任的關注，還因此創建了網路新聞媒體。現在媒體業並不景氣，這是他生平第一次沒計較是否會賺錢的投資，只希望這個不受意識型態、商業氣息、出資者觀點影響的獨立傳媒，能在台灣媒體一片淺碟、黨同伐異的報導中，保留美好傳統，把改變社會的影響力傳播出去。他覺得只要能讓人感受到正面能量，就是最好的收穫。

因為這些投資都出於興趣和使命感，他不是每一樣都介入經營，不擅長的就交付專業管理，人生步調不再像過去從事金融投資業般高度緊張，有適當的閒暇過自己想過的生活，也固定打球運動保持健康。**這樣運用財富彰顯了「富有」真正意義——能安排錢而不被錢安排，做出了對自己有意義，也能對別人有益的貢獻。可以說是真正的成功！**

1 豐富自己的人生

富有含括「財富的富有」和「心靈的富有」，真正的成功是在兩者間找到了平衡點。

坊間告訴我們如何致富的書汗牛充棟，但分享財富自主後如何享受生活的很少，大概認為有錢了，愛怎麼過日子就怎麼過，哪用得著操心。偏偏一份由哈佛大學所做，長達七十五年追蹤的快樂研究顯示，設定目標和個人成就確實有關聯；不過，和快樂之間就沒有直接關係。這也解釋了為何有些人達成目標後，卻沒有感受到原本預期會獲得的快樂感。

有錢不是成功唯一的標準

根據一份調查，有超過八成的年輕人表示他們的人生目標是想成為有錢人，而有五成的年輕人說他們另外一個人生目標是變得有名，這倒也是人之常情，別說是年輕人，很多人到老還是在追求這個。可是回想一下，當初讓你想要成為有錢人的初衷是甚麼？應該是想要讓自己更快樂，過更美好的人生吧！

住豪宅、開名車、掌聲、鎂光燈、口袋滿滿的「物質目標」都達到了，就會讓人快樂嗎？這些讓你開心的事，能持久的大概不多，比較像煙火般閃爆而逝。其實，當生活水準達到了一定的舒適程度，物質目標達成和享受帶來的邊際效應就會遞減。也就是說錢很少時候，只要多賺一點就很喜悅，可是隨著財富增加，必須多出很多錢，才會讓你高興。

那究竟什麼是快樂？很難一言以蔽之的定義，但可以肯定的是一種心理狀態，一種出自內心，真實而長久的喜樂和幸福感，跟財富、年齡、環境無關。

> 真正的快樂是內在的，它只有在人類的心靈裡才能發現。
>
> ——布雷默Bremer（瑞典女作家）

⊙有錢≠快樂

這樣的心理狀態，真正的關鍵不在錢上頭。錢多錢少，夠用就好，這裡不是要大家清貧減欲（有欲望是正常，能促進社會發展、消費力和創造力），唱「物質不重要」的高調。每天一睜眼，柴米油鹽醬醋茶樣樣要錢，沒錢連基本的生活保障都不足，何以夸談心靈喜樂和寧靜？但若只是以錢來定義一切，如同拜金女的名言：「寧願坐在『寶馬』上哭泣，也不願坐在『鐵馬』上歡笑」，那注定是要與美好人生背道而馳，因為當你不快樂的時候，坐在哪裡有差嗎？

我們追求的富應該不僅「富有」，而是要「富足」。衣食無缺，住得安心，沒有負債或負債很少，就已經是「有」；進一步，具備面對生活未知變化的財務能力，能夠過自己想要的合理生活方式，那就算得上「富」了；當不再被欲望催促，懂得感恩和分享就是「足」。否則無論有多少錢，一味覺得還需要更多錢，那種永無止盡的匱乏感，就算你錢再多還是窮人心態。

我遇過財產十多億的人，仍在擔心以往沒有錢時所擔心的事。因為他還是維持一個高度槓桿的投資，想賺更多錢，很怕不景氣、投資失利，他的十億元不小心就不見了，擔心斷炊後幾棟豪宅房貸會繳不出去。有一大堆害怕，不斷被這種恐懼感攫取，對人不大信任，朋友很少，防範周遭的人跟他親近是別有目的。當初這個危機意識推動他願意拼命做拼命賺，問題是現在他已經是別人眼中的有錢人，卻被這種危機意識束縛，焦躁難以放鬆，無法善待自己和別人，典型的有錢不等於快樂。

> 自己腦子裏只裝滿著自己，這種人正是那種最空虛的人。
>
> ——萊蒙托夫Jiepmohtob（俄羅斯詩人）

⊙有錢≠受人尊敬

富豪走到哪都很容易被禮遇（因為別人想賺你的錢），但不一定真正受人歡迎。看看我們周遭，常常會發現人隨著越來越有錢，做人處事的態度變了，變得沒禮貌，強調自己主張時高談闊論，比較沒有同理心、不耐煩，容易把自己的行為合理化，認為自己更優秀而覺得應該得到更多。令人驚訝的是，甚至有統計顯示在做公益方面，錢賺得多的人比錢賺得少的人不慷慨（以平均捐款占收入的比例來看）。

當然，還是有不少人富而好禮有涵養，所以這不是要批判或仇視、醜化有錢人，我們都想變有錢，因此更要提醒自己，在財富逐漸增長的過程中，不要成為富不仁的人。這種人著眼都在自己，不會快樂也不會受人尊敬，體驗不到錢發揮正面影響力的甜美滋味。

樂活當下，享受人生

那又該如何過有錢又優質的人生？每個人都有夢想的生活，工作是通往美好夢想生活的工具，這個工具如果你喜歡，真是幸運！如果不是很喜歡，為了生存，我們鼓勵人們接受挑戰、全力以赴，過程中大部分的人是必須以時間去換取達成財務目標，許多真正想做的事情因此被延遲了。所以當財富已無後顧之憂，不必再為錢辛苦工作時，別忘了找回夢想，豐富原本只被工作填滿的生活。

> 記得要為自己的夢想打拼，否則你可能終生只能幫別人築夢。
> ——法拉．貴Farrah Gray（美國著名企業家與作家）

真正的富有，除了擁有金錢，還必須投資人生其他層面如下：

⊙身體要健康

大陸有句順口溜：「十年努力奔小康，一場大病全泡湯」，別說小康泡湯，巨賈豪門生了病躺在床，萬貫家財都減輕不了痛苦。還有一句話說：「身體健康是1，而財富、地位、事業、家庭、感情……都是1後面的0，只有依附於這個1，0的存在才會有意義」，堪稱至理名言，沒有健康的身體，一切空談。規律運動、睡眠充足、適當的營養，幫助我們能好好享受財富的美好。

⊙尋求自我實現

如果你覺得每天在藍天碧海的沙灘下曬太陽，甚麼事都不用做，是你最期待的事，或者拾回旅遊、閱讀、玩音樂、練書法、學手藝，欣賞藝文活動的興趣，多元化生活讓你快樂，請主動規劃，有序安排，盡情享受，錢就是要讓我們投擲在這些美好的事情上。

至於不打算從職場上退下來的人，選擇做對自己有意義且喜歡的工作，這是金錢賦與我們的自主力量。想想甚麼樣的工作、事業能讓你快樂，而不是只想要賺更多錢，目標不一樣，結果截然不同！真正的成功不是錢帶來的，富有更需要智慧。做能自我實現的事，事業成了志業，即使過程是辛苦，心情卻很享受。

有一位白手起家的企業家告訴我，他當初創業從四個人的公司，後來擴張到近三百人的企業，每天過著「開心三小時，痛苦三小時」的日子，也就是每天晚上下班後看到公司業績不斷成長，七～九點開心，但接下來十～十二點開始想如何再追求經營和數字上的成長，煎熬、壓力大到睡不著覺，跟他當初認為事業達到某個目標就應該能得到快樂有不小落差。心中似乎有一個空洞，心想是否目標還不夠大，因此不斷擴充投資想填補這個空洞。最後反而是生意失敗，在花三年多時間將債還光的那一剎那，突然體會到以前把累積名聲與財富當成衡量成功與否的指標是走偏了。之後重整旗鼓再創業，投身他以前就喜歡的健康管理和身心放鬆事業，加上找到信仰的力量，公司一百多人，獲利穩定，規模雖不像他前一個企業，但他樂在工作。

快樂人生的三個必要元素是，有要做的事、熱愛的事及盼望的事。

——約瑟夫．艾迪生Joseph Addison（英國文學家）

⊙有溫度的人際互動

人是群居動物，很難自外於社會，能與外界人事物建立更多聯結，找到存在感、價值感的人，不論財富高低，往往比較快樂。所以請多關心親友，參與志同道合的社群團體，彼此扶持，真心對待。尤其家人是我們最親密、互動最頻繁的人，也是我們有任何需要會第一時間支持我們的人，家庭關係經營從家庭組成時就不能停，成功的人具備時間管理能力，照顧工作也要兼顧家庭，高品質婚姻、家庭生活能讓幸福感倍增。也就是「老本、老伴、老友」要顧好！

⊙心靈上的提升，懂得感恩

人是身心靈的組合，財富能照顧我們的外在，卻無法妝點內在。快不快樂既然是一種內在的感覺，回歸到真實地面對自己心靈是必要的。有人從書籍、人生歷練上去涵養，有人從哲學或信仰角度切入去尋求，重要的是要培養對萬事萬物的感恩心並表達出來。

要知道我們丟出去的所有東西都像迴力鏢般，轉一圈最後總會回到我們自己身上，發出感恩和愛，得到的也將是感恩和愛。抱怨不會讓人快樂，只會製造負面情緒，真正快樂的人，不會朝人丟泥巴。

一個人能成功和得到財富，不光由於個人優越或是點子創新，很多企業家不諱言是因為好運及有很多人共心協助才成就榮景，那又怎能不感激周遭的一切？當發得出感恩心，傲慢貪求就降低了，看得到別人的長處、能發現過去被忽略的美好，會珍惜當下擁有的、容易滿足，自然停止抱怨，可以寬容對待別人和自己。心靈提升澄淨，不管外界如何紛亂，都能保持寧靜、完整和豐盈，心平氣和，從容過日，何愁不樂活！

2 成為別人的貴人

「為自己增加價值叫成功，為別人增加價值叫成就」，心滿意足的成功人士普遍樂於提攜後進、出手助人，成為別人生命中的貴人。因為他們懂得如何尋找幸福的青鳥，了解幸福不必遠求，就在身旁；讓別人幸福，自己必然幸福。

你自己和你所有的一切，倘不拿出來貢獻于人世，僅僅一個人獨善其身，那實在是一種浪費。

——威廉．莎士比亞William Shakespeare（英國大文豪）

回饋貢獻社會，獲得真正的價值

在西方基督教國家的觀念，他們相信神擁有一切，錢不是自己的，自己只是「管理人」，替上帝看著這些錢，因此比較願意把錢捐獻出去，回饋社會。所以許多大企業家如股神巴菲特、微軟創辦人比爾．蓋茲，臉書創始人祖克柏等人都爭相捐出人筆財產從事慈善事業，不像我們東方富爸爸大都想把財富留給子孫。值得欣慰和欽佩的是二〇〇八年台灣鴻海集團董事長郭台銘也宣布將捐出九成個人名下財產做公益，多年來陸陸續續也真的在執行當中，為台灣企業界樹立良好典範，而之後也有一些大企業主跟進。

這些辛辛苦苦打拼大半輩子，好不容易成為富豪的人，為甚麼最後又要把財富捐出去？不是腦子壞了，而是體悟到人生的價值是按照對社會的貢獻度來衡量，能夠幫助人、改變世界，才是有價值的人。他們不是不愛兒女，是明白留下太多不勞而獲的財富，會讓子孫喪失鬥志、障礙茁壯動力，反而毀了他們，甚至身後引發兄弟鬩牆、爭產互鬥的家族憾事。因此只留夠用於子女教育和購屋安身的遺產，做為下一代人生的啟動資金。

子孫若如我，留錢做什麼？賢而多財，則損其志；子孫不如我，留錢做什麼？愚而多財，益增其過。
——林則徐（中國清朝政治家、禁鴉片煙英雄）

而且這在西方已形成文化，並非只有大富豪才熱衷慈善，一般企業主也都願意。十多年前我到夏威夷渡假，在飯店咖啡廳隨意跟一位穿襯衫、牛仔褲，與太太各自背了個背包的老外聊天。我本來還在想他是不是跟我一樣在教書，聊過才發現是位上市公司的CEO，還是機械方面的專家。他財務自由，生活純樸，也是一樣成立基金會，將財產信託去幫助環保活動。

其實，中國古代早已懂得「財聚人散、財散人聚」的道理，也不是沒有如西方般兼善天下的思想，孟子「老吾老以及人之老，幼吾幼以及人之幼」的主張、佛家「佈施」和「捨得」（有捨才有得）的教誨，都明顯包含著慈善理念，所以別以沒有這種傳統做藉口。財富的聚攏，都是取之於社會，分享回報成果是義不容辭的社會責任，不要讓自私自利堵塞了心靈，成為甚麼都流不出去、喪失付出與奉獻力量的一灘臭水。

不限捐錢，願意貢獻時間、才華和能力的話，也可以從許多面向來回饋社會。像我知道有些人會購置電腦送到偏鄉，有人到醫院做義工，或到山區免費教英文增強當地孩子競爭力，還有在學校設獎學金的，總之在這個「唯我時代」，願意為助人拿出行動力，就是可敬的人。

帶著巨富而死，是一種恥辱。

——安德魯・卡內基Andrew Carnegie（20世紀初美國鋼鐵大王）

讓別人快樂，自己才會真正的快樂

「分享」是一個神奇的動作，會使快樂增大，憂愁減半。快樂的人習慣傳遞快樂給別人，因為他們深知「善待自己，無限幸福；善待別人，無比快樂」的魔力。

我們從小就聽過助人為快樂之本，但只有真正助過人的人，才知道其中真諦。我很喜歡「贈人玫瑰，手留餘香」這句話，願意把玫瑰送出去，手上的那縷芬芳，就能讓人心情好上一整天，再看到被贈之人的笑容和善意回應，那就獲得雙倍喜悅！**不吝惜給予，能夠付出的人，就是富翁，因為他有「給」的能力。**

我觀察到有些西方、日本富豪和企業會用一種方法來運用財富，讓財富回饋發揮得更有樂趣。例如喜歡藝術的人，買畫、支持演奏會、資助培養還未成名的藝術工作者，讓他們作品銷售流通，可以安心致力創作，吸引更多有天分的人投入，感染形成善循環。除了個人嗜好品味被滿足外，也引領大眾浸淫於美學藝術氛圍中，間接促進社會整體文化素養提升。

讓人開心，也許是獲取快樂最簡單方法。

——安東尼奧．卡勒Antonio Gala（西班牙作家）

助人要趁早

不少人會說：「等我有錢了、功成名就後要……」，然後在等待中虛耗了一生。很多事情只要確定是對的，現下就要行出去，不是每個人都能達到設定的財務目標變富人，難不成該做的事就因此停擺？尤其是利益眾生，不能等、也不需等，有心隨時都可以做。

莫因善小而不為，有時只是給出正面力量、一句提點鼓勵讚美，或傳承經驗心得，就可以溫暖人心、幫人理出方向，不需要花很多錢。要及早去做對人有貢獻的事，否則很難養成關心別人、樂善好施的習慣，等到賺很多錢，也不見得願意分享，因為窮人心態定型了。

⊙「施比受更為有福」——聖經

近來網路上流傳一則訊息，據傳為美國《華盛頓郵報》評選出的二〇一六年世界最新十大奢侈品，顛覆了我們對奢侈品的想法，分別為：

1. 生命的覺醒和開悟。
2. 一顆自由、喜悅、充滿愛的心。
3. 走遍天下的氣魄。
4. 回歸自然。
5. 安穩平和的睡眠。
6. 享受屬於自己的時間和空間。
7. 彼此深愛的靈魂伴侶。
8. 任何時候都真正懂你的人。

9. 身體健康，內心富足。

10. 感染並點燃他人的希望。

雖然遍尋以上訊息的英文原文不獲，研判應為假託之辭，但不管出處如何，都無損其價值，因為映照出現代人心靈層面的渴求——最奢侈的都不是物質上的，精神富裕才是生命中難能可貴的珍稀品——所以普遍獲得認同而流傳。

期待年輕人在致力理財的過程中，能同時追尋靈性成長，兩者並進，造福人群、受人尊重，身心皆富，獲得真正的成功。

Q 請教大師

學生問：我剛退伍想從事金融業工作，我很認同老師說的要過平衡的人生，希望能有較多的時間留給自己而不是工作，即使生活平凡點也沒關係。之前去找工作時，筆試成績不錯，很快就要進入面試階段，若面試官問我人生規劃和目標，是否可以據實回答我的想法？

要看你對平衡生活的定義是什麼？若工作之外，還要有一定時間的休息、運動、娛樂、社交、出國旅遊，一樣都不能少，那不是平衡的生活，是財務自由的生活。在面試時照你的方式回答的話，一定會被刷掉！

我認為工作前十五年不要講要過平衡的生活，哪家公司要用「只求平衡」的員工？而且只求平衡就是隨時能夠被取代，沒工作、沒收入的日子很難過，屆時想平衡都沒辦法。春耕、夏耘、秋收、冬藏是四季自然法則與辛勤工作方有收穫的定律，人生也是一樣，剛踏入社會還在春耕階段，就想要享秋收的福，基本上沒有那個條件。

我所說的平衡生活會隨年齡和經濟條件不同而不一樣。年輕時是為自己人生奠基、打拼奮鬥的時候，無法像顏回一簞食一瓢飲，減低物質欲望就好。基礎扎不穩，如何度過未來可能與遇到的人生洗禮或財務風暴？不是我們想要過什麼樣的生活，命運就會按我們希望的劇本演出。

我們在工作中對社會有所付出，財務收穫某種程度是我們對社會貢獻度的表徵。顏回居陋巷，安貧樂道、自尊自重不改其樂，心靈富足值得敬佩（前提是有認真工作，不然不值得效法），但相信他若經濟生活不虞匱乏，就不會太早死，而能對社會有更多貢獻（回也，29歲時頭髮已全白，得年僅32歲，應該是營養不良所致）。

「平衡生活」提醒我們不要把追求金錢窄化成我們生命中唯一重要的目標，要兼顧心靈成長和滿足。我很不喜歡聽到的一句話是「沒有錢辦不到的事」，這話如果去了其中那個「錢」字，變成「沒有辦不到的事」，格局和氣魄就不一樣了！前者呈現土豪的粗鄙，後者讓人感受勇往直前、無所畏懼的決心和毅力，哪會不成功！鼓勵年輕人要拿出不畏艱難、勇於面對挑戰的態度，先把財務顧好，否則自以為是的「平衡」、「平凡」生活，只是一種逃避式的阿Q想法。

富裕人生指南

1. 金錢是重要的，但不要成為追求金錢的奴隸。
2. 健康是美好生活的第一桶金。
3. 真正的成功來自各個面向的平衡。
4. 分享是登上幸福快樂之地的階梯。
5. 讓別人快樂是慈悲，讓自己快樂是智慧。